Mittelpunkt neu B1+

Deutsch als Fremdsprache für Fortgeschrittene

Intensivtrainer
Wortschatz und Grammatik

Anke Bohm
Birgit Braun
Katja Funk-Chennaoui
Nadja Fügert
Sandra Hohmann

Ernst Klett Sprachen
Stuttgart

Symbole in **Mittelpunkt neu B1+ Intensivtrainer Wortschatz und Grammatik**

(W)	Diese Aufgabe wiederholt Inhalte aus Mittelpunkt neu B1+ Lehr- und Arbeitsbuch.
(V)	Diese Aufgabe vertieft Inhalte aus Mittelpunkt neu B1+ Lehr- und Arbeitsbuch.
(E)	Diese Aufgabe erweitert Inhalte aus Mittelpunkt neu B1+ Lehr- und Arbeitsbuch.
LB (1) 4	Verweis auf CD und Tracknummer vom Lehrbuchteil
AB (●) 3	Verweis auf CD und Tracknummer vom Arbeitsbuchteil
LB: A 2a	Verweis auf die passende Aufgabe im Lehrbuchteil
AB: A 2a	Verweis auf die passende Übung im Arbeitsbuchteil

1. Auflage 1 5 4 3 2 1 | 2018 17 16 15 14

Internetadresse: www.klett.de/mittelpunkt

Autorinnen: Anke Bohm, Birgit Braun, Katja Funk-Chennaoui, Nadja Fügert, Sandra Hohmann

Redaktion: Iris Korte-Klimach
Layoutkonzeption: Anastasia Raftaki, Nena und Andi Dietz, Stuttgart
Gestaltung und Herstellung: Anastasia Raftaki
Gestaltung und Satz: Jasmina Car, Barcelona
Umschlaggestaltung: Julia Eden, Stuttgart
Reproduktion: Meyle + Müller GmbH + Co. KG, Pforzheim
Druck und Bindung: Druckerei A. Plenk KG, Berchtesgaden
Printed in Germany

ISBN 978-3-12-676648-7

9 783126 766487

Binnendifferenziertes Lernen mit dem Mittelpunkt neu B1+ Intensivtrainer

Der **Mittelpunkt neu B1+ Intensivtrainer Wortschatz und Grammatik** enthält eng auf das **Mittelpunkt neu B1+ Lehr- und Arbeitsbuch** zugeschnittenes Übungsmaterial. Er kann sowohl zur Binnendifferenzierung im Unterricht als auch für das Selbststudium zu Hause verwendet werden.

Aufbau

Der **Mittelpunkt neu B1+ Intensivtrainer Wortschatz und Grammatik** hat sechs Kapitel. Sie sind genau auf die Grammatikprogression und den Wortschatz der gleichnamigen Lektionen im **Mittelpunkt neu B1+ Lehr- und Arbeitsbuch** abgestimmt.

Der Intensivtrainer orientiert sich zwar an der Progression des Lehr- und Arbeitsbuchs, ist selbst aber nicht nach dem Doppelseitenprinzip aufgebaut, sondern setzt eigene Schwerpunkte, die im **Mittelpunkt neu B1+ Lehr- und Arbeitsbuch** behandelte Phänomene aufgreifen und gezielt üben. Ein Verweissystem – ähnlich wie im Lehrbuchteil – verweist auf die entsprechende Aufgabe bzw. Übung

LB: B1 im Lehrbuchteil
(hier wird z. B. auf die Aufgabe 1 auf der Doppelseite B der jeweiligen Lektion im Lehrbuchteil verwiesen) bzw.

AB: B1 im Arbeitsbuchteil
(hier wird z. B. auf die Übung 1 unter Doppelseite B einer Lektion im Arbeitsbuchteil verwiesen), zu der die jeweilige Übung im Intensivtrainer passt.

Arbeiten mit Mittelpunkt neu B1+ Intensivtrainer Wortschatz und Grammatik

Der Intensivtrainer hält eine Vielzahl von Zusatzübungen zu Wortschatz und Grammatik der einzelnen Lektionen des **Mittelpunkt neu B1+ Lehr- und Arbeitsbuchs** bereit. Jede Übung ist mit einem der drei folgenden Buchstaben gekennzeichnet:

(W) für Wiederholung

(V) für Vertiefung

(E) für Erweiterung

Anhand dieser Kennzeichnung können Kursleiter / Kursleiterinnen im Unterricht bzw. die Lernenden ganz leicht selbst entscheiden, ob sie Inhalte aus dem **Mittelpunkt neu B1+ Lehr- und Arbeitsbuch** wiederholen (W), ob sie sich tiefer mit dem jeweiligen Thema auseinandersetzen (V) oder bekannte Strukturen, um neue Aspekte erweitern wollen (E).
Die Erweiterungsübungen richten sich hauptsächlich an stärkere Lerner. Mit diesem klaren Verweissystem ist binnendifferenziertes Lernen im Unterricht wie auch zu Hause sehr leicht möglich. Es gibt genug Platz zum Schreiben und die Lernenden können ihre eigenen Lösungen im Lösungsteil im Anhang selbst überprüfen.

LB 4
AB 3

Neben Übungen zum Wortschatz und zur Grammatik bietet der Intensivtrainer ein Rechtschreibtraining, das relevante Aspekte der deutschen Rechtschreibung aufgreift. Die im Intensivtrainer angebotenen Höraufgaben basieren auf dem Audio-Material vom **Mittelpunkt neu B1+ Lehr- und Arbeitsbuch**, sodass es auch in diesem Bereich Möglichkeiten zur Binnendifferenzierung gibt.

Viel Spaß und Erfolg beim Lernen mit dem **Mittelpunkt neu B1+ Intensivtrainer Wortschatz und Grammatik** und dem **Mittelpunkt neu B1+ Lehr- und Arbeitsbuch** wünschen Ihnen der Verlag und das Autorenteam.

Inhaltsverzeichnis

Kapitel	Seite
1 A **Ankommen** • 1 Wortschatz: Fotos beschreiben • 2 Redemittel in E-Mails B **Willkommen in Deutschland!** • 1 Satzklammer – Aussagesätze • 2 Satzklammer – Fragesätze • 3 Satzklammer – Imperativsätze C **Neu an der Uni** • 1 Wortschatz: Schule und Universität D **Der erste Eindruck** • 1 Wortschatz: Eigenschaften E **Bei anderen ankommen** • 1 Hauptsatz + Hauptsatz: „aduso"-Konjunktionen • 2 **Richtig schreiben:** Kommasetzung • 3 Nebensatzkonnektoren • 4 Konnektoren und ihre Bedeutung F **Endlich an(ge)kommen** • 1 Wortfamilien „fremd" – „vertraut"	6
2 A **Guten Appetit!** • 1 Rezepte: Einen Christstollen backen • 2 Wortschatz: Küchenhelfer • 3 Die Ernährungspyramide – Eine Grafik beschreiben B **Das sieht ja lecker aus!** • 1 Wortschatz: Pro- und Contra-Aussagen verstehen • 2 Gesünder leben – Imperativformen und ihre Besonderheiten • 3 Konsumverhalten – Wortstellung in Imperativsätzen C **Tipps für den Gast** • 1 Wortschatz: Gastgeschenke D **Die Wegwerfgesellschaft** • 1 Bloß kein Müll – Wünsche und Bitten • 2 Mit anderen teilen – Konjunktiv II von unregelmäßigen und gemischten Verben • 3 Ratschläge und Empfehlungen – Konjunktiv II der Modalverben E **Berufe rund ums Essen** • 1 Eine Anzeige schreiben • 2 Ich wüsste gern, wann und wo …? – Indirekte Fragesätze F **Lebensmittel – Gestern und heute** • 1 Deutschland – Kartoffelland • 2 **Richtig schreiben:** Wie kann man Wörter trennen?	14
3 A **Wie die Zeit vergeht** • 1 Wortschatz: Ein Bild beschreiben • 2 Zeitangaben B **Kindheitserinnerungen** • 1 Verben – regelmäßig und unregelmäßig • 2 Zeitformen der Vergangenheit – Perfekt und Präteritum • 3 Zeitformen der Vergangenheit verwenden • 4 Zeitenfolge: Vorzeitigkeit – Nachzeitigkeit – Gleichzeitigkeit C **Pünktlich auf die Minute** • 1 Pünktlichkeit – Wortschatz erklären und verstehen D **Keine Zeit** • 1 Wortschatz: Zeit • 2 Zu schnell vorbei – „so" / „zu" + Adjektiv • 3 Sich mehr Zeit nehmen – Nomen-Verb-Verbindungen E **Zeitreisen** • 1 Köln in 100 Jahren –„werden" und seine Verwendung • 2 Das Präsens verwenden • 3 **Richtig schreiben:** Fremdwörter F **Schöne Zeiten** • 1 Einen Erfahrungsbericht schreiben	22

Kapitel	Seite
4 A **Einer für alle ...** • 1 Zusammen sind wir stark – Redewendungen • 2 Ein Schulprojekt – Finalsätze mit „um ... zu" B **Ehrensache!** • 1 Wortschatz: Das Ehrenamt C **Ein Projekt – viele Helfer** • 1 „Mögen" oder „möcht-"? – Unterschiede in der Bedeutung • 2 Geld oder Leben? – Das Präteritum von „mögen" und „möcht-" • 3 Am Arbeitsplatz – Die Modalverben und ihre Bedeutung • 4 Carlas Referat ist fertig. – „nicht / kein brauchen ... zu" + Infinitiv • 5 „Social Knit Work" – Die Modalverben D **Zivilcourage** • 1 Hilfe! – Redemittel E **Ganz schön egoistisch!** • 1 Ein Popstar lässt sich bewundern. – Das Verb „lassen" • 2 Einfach alles liegen lassen – Typische Verben mit „lassen" • 3 Lassen Sie das! – „lassen" als Vollverb • 4 Ein Fanbericht – Die Verben „helfen / hören / sehen / bleiben / ..." + Infinitiv F **Mein Buch, dein Buch?** • 1 Bücherwelten – Verben mit trennbarer oder untrennbarer Vorsilbe • 2 **Richtig schreiben:** Das Dehnungs-h	30
5 A **Ein Dach über dem Kopf** • 1 Was bieten die verschiedenen Wohnmöglichkeiten? – Adjektive und Nomen B **Tausche Wohnung** • 1 Wortschatz rund ums Wohnen – Wortbildung C **Wohntrends** • 1 Mikrohäuser im Trend – Definitionen • 2 Endlich eine neue Wohnung! – Die Adjektivdeklination • 3 Vergleiche – Komparativ und Superlativ: prädikativ • 4 Vergleiche – Komparativ und Superlativ: attributiv • 5 **Richtig schreiben:** Groß- und Kleinschreibung von Adjektiven D **Mein Zuhause** • 1 Noch mehr Adjektive E **Anders wohnen – anders leben** • 1 Neues aus „Sieben Linden" – Das Passiv • 2 Das Leben in der Dorfgemeinschaft – Das Passiv mit Modalverben • 3 Das Partizip Perfekt als Adjektiv F **Übernachten mal ganz anders** • 1 Sich beschweren – Redemittel	38
6 A **Neues entdecken und erfahren** • 1 Wortschatz: Neue Horizonte B **Faszination Extremsport** • 1 Wortschatz: Drachenfliegen • 2 Es lebe der Sport! – Verben und ihre Ergänzungen • 3 Wofür interessierst du dich? – Verben mit Präpositional-Ergänzung • 4 Sich für Sport interessieren – Reflexive Verben • 5 Das neue Team stellt sich vor. – Die Position der Reflexivpronomen im Satz • 6 Paul zieht (sich) um. – Reflexive und nicht-reflexive Verwendung von Verben C **Mit Routinen brechen** • 1 Wortschatz: Routine im Alltag • 2 Routinen damals und heute – „der- / die- / dasselbe" • 3 Heute ist alles anders! – Die Negation D **Wissensdurst** • 1 **Richtig schreiben:** Groß- und Kleinschreibung E **Literatur entdecken** • 1 Nach dem Vortrag – Redemittel F **(Meine) Entdeckungen** • 1 Auf in die Welt! – Nomen-Verb-Verbindungen	46
L Lösungen	54

A Ankommen

1 Wortschatz: Fotos beschreiben

V **a** Schauen Sie sich die Fotos noch einmal an. Welche Wörter passen zu welchem Foto? Ordnen Sie zu. LB: A 1a

~~anreichen~~ | Dorf | entspannt | förmlich | Gepäckwagen | Hand geben | hochheben | hochreißen | Hörsaal | jubeln | Karton | konzentriert | mitschreiben | schick | traditionelle Kleidung | Schüsseln | Urlaub | Ziellinie

A: ....
B: ....
C: ....
D: anreichen, ...
E: ....
F: ....

V **b** Wählen Sie ein Foto und beschreiben Sie es. Die W-Fragen und die Redemittel helfen Ihnen.

Wer? | Wie viele? | Wo? | Was?

Auf dem Foto ist / sind / sieht man … | Im Vordergrund / Hintergrund steht / sieht man … | In der Mitte … | Links / Rechts auf dem Foto … | Davor / Dahinter / Daneben steht / sitzt / sieht man … | Vielleicht / Vermutlich ...

Auf dem Foto A sieht man eine Gruppe von Afrikanern. Sie ...

....

....

2 Redemittel in E-Mails

W **a** Ergänzen Sie das passende Wort aus dem Schüttelkasten. 6 Wörter bleiben übrig. LB: A 2c

als | Bescheid | erst | für | gehört | gelesen | geschrieben | Nachricht | noch | Tipps | schon | ~~Sorgen~~ | wenn | wie

1. Mach dir keine *Sorgen* !
2. So etwas habe ich auch .... erlebt.
3. Sag mir einfach kurz ....
4. Ich danke dir für deine ....
5. Melde dich doch, ... ich noch etwas für dich tun kann.
6. Schön, dass du mir mal wieder .... hast.
7. Ich kann mir echt gut vorstellen, ... es dir gerade geht.
8. Ich möchte dir deshalb einige .... geben.

(V) **b** Lesen Sie die E-Mail und korrigieren Sie die 9 weiteren Fehler.

Liebe Analynn,

~~vielmals~~ *vielen* Dank für deine Mail! Schön, dass du mir geschrieben hast. Ich kann mir gut vorstellen, als es dir gerade geht. Du fühlst dich bestimmt nicht wohl, so ganz allein in einem fremden Land. So etwas habe ich auch schon gesehen. Ich habe ja mal ein dreimonatiges Praktikum im Ausland gehabt, aber zum Glück habe ich damals Hilfe bekommen. Dadurch war vieles einfacher für mich, als es jetzt für dich ist. Wir hatten einen persönlichen Ansprachpartner in der Firma, an den wir uns wirklich jederzeit wenden konnten. Das war super. Ich möchte Ihnen heute ein paar Tipps geben: Frag mal deine Kollegen, was sie unternehmen. Vielleicht musst du mitmachen. Du kannst auch zu einem Sportverein gehen. Du spielst doch gerne Volleyball. Da gibt bestimmt nette Leute. Es ist sicher nicht leicht, aber mach dir keine Sorgen! Das braucht Zeit. Hast du Lust, bald mal zu telefonieren? Schreib mir doch einfach kurz Bescheid. Melde dich, dass ich noch etwas für dich tun kann. LG, Brit

B Willkommen in Deutschland!

1 Satzklammer – Aussagesätze

(W) **a** Schreiben Sie zu jeder Regel einen passenden Satz aus dem Blogbeitrag im Arbeitsbuch 1 B, 1, in die Tabelle. Markieren Sie dann die Verben. LB: B2a–b + AB: B1–2

In Aussagesätzen gilt:
1. Im Perfekt steht das Partizip Perfekt am Satzende, die konjugierte Form von „haben" oder „sein" auf Position 2.

Position 1	Position 2		Satzende
Viele von euch	*haben*	*meinen letzten Blogbeitrag*	*kommentiert* ...

2. Bei trennbaren Verben steht die Vorsilbe am Satzende, das konjugierte Verb auf Position 2.

Position 1	Position 2		Satzende

3. Die Modalverben stehen auf Position 2, der Infinitiv steht am Satzende.

Position 1	Position 2		Satzende

4. Im Futur I steht der Infinitiv am Satzende, die konjugierte Form von „werden" auf Position 2.

Position 1	Position 2		Satzende

(W) **b** **Susan macht Pläne für einen Ausflug. Formulieren Sie die Sätze und achten Sie auf die Satzklammer.** LB: B 2c

1. am Samstag – nach Köln – fahren werden

   Ich werde am Samstag nach Köln fahren.

2. zuerst – mir – den Kölner Dom – ansehen

3. außerdem – ins Museum Ludwig – gehen wollen

4. bei meinem letzten Ausflug – im Schokoladenmuseum – gewesen sein

5. heute – durch die Geschäfte in der Innenstadt – bummeln werden

6. am späten Abend – wieder zu Hause – sein müssen

(W) **c** **Lesen und korrigieren Sie den Blogbeitrag. Achten Sie auf die Position der Verben.**

Ich noch nicht lange in Deutschland bin, aber ich schon gute Freunde gefunden habe. Und meine Freunde geschenkt mir etwas ganz Besonderes zum Geburtstag haben: Morgen wir werden machen einen großen Ausflug. Wir wegbleiben sogar über Nacht. Meine Freunde mir haben nicht gesagt, wohin wir fahren. Es eine Überraschung sein soll. Ich bestimmt nicht gut schlafen kann, weil ich nur eine Frage im Kopf habe: Wo werden wir hinfahren? Morgen wir losfahren ganz früh, und wir im Zug noch mal ein bisschen schlafen wollen. Wenn wir aufwachen, dann der Zug bestimmt schon in den Bahnhof einfährt …

Ich bin noch nicht lange in Deutschland, aber ich …

(V) **d** **Schreiben Sie den Blogbeitrag mithilfe der Ausdrücke zu Ende. Bilden Sie Sätze im Perfekt und achten Sie auf die Satzklammer.**

~~zum Schloss Neuschwanstein fahren~~ | zum ersten Mal ein echtes Schloss sehen | sich wie im Märchen fühlen | eine Menge Fotos machen | neue Eindrücke sammeln | abends erschöpft sein | glücklich zurückfahren

Hallo Leute, stellt euch vor, wir sind zum Schloss Neuschwanstein gefahren. …

2 Satzklammer – Fragesätze

W **a** Lesen Sie die Regeln im Lehrbuch 1 B, 4 b, noch einmal. Schreiben Sie die Fragen aus dem Schüttelkasten in die passende Tabelle und notieren Sie, welche Regel passt. LB: B3–4 + AB: B3

~~Wohin muss ich nach der Ankunft zuerst gehen?~~ | ~~Willst du mit mir mal ins Fitnessstudio gehen?~~ | Ziehst du zum ersten Mal um? | Wann bist du zum ersten Mal in Deutschland gewesen? | Hast du schon mal ein Auslandspraktikum gemacht? | Wie füllt man dieses Anmeldeformular aus?

W-Fragen

Position 1	Position 2		Satzende	Regel
1. *Wohin*	*muss*	*ich nach der Ankunft zuerst*	*gehen?*	*1c*
2.				
3.				

Ja- / Nein-Fragen

Position 1	Position 2		Satzende	Regel
1. *Willst*	*du*	*mit mir mal ins Fitnessstudio*	*gehen?*	...
2.				
3.				

W **b** Ein neugieriger Mensch. Formulieren Sie Fragen zu folgenden Antworten.

~~wohin~~ | oft | ~~denn gestern Abend~~ | musst du | aufstehen | sind | wie viele | hast du | morgens nicht | früh | eigentlich | Freunde | telefonierst du | ~~bist du~~ | mit deinen Eltern | ~~gefahren~~ | wann | deine Prüfungen

1. *Wohin bist du denn gestern Abend gefahren?* – Gestern Abend bin ich in die Stadt gefahren.
2. .... – Das weiß ich nicht. Ich zähle doch meine Freunde nicht!
3. .... – Naja, vielleicht einmal pro Woche.
4. .... – Nein, zum Glück nicht. Erst gegen 8.00 Uhr.
5. .... – Die Prüfungen sind in einem Monat.

V **c** Formulieren Sie Fragen und achten Sie auf die Angaben in Klammern.

1. wo ersten Urlaub verbracht haben (du / Perf.) *Wo hast du deinen ersten Urlaub verbracht?*
2. in einem Sportverein trainieren wollen (Sie / Prät.) ....
3. wie im Deutschkurs sich gefühlt haben (du / Perf.) ....
4. Nachbarn zu eurer Einweihungsparty einladen (ihr / Präs.) ....
5. wirklich zusammen in die Ferien fahren (sie (Pl.) / Futur I) ....
6. wer bei Reparaturen in der Wohnung helfen können (Präs.) ....
7. wann von der Uni zurückkommen (sie (Sg.) / Prät.) ....
8. was am Wochenende unternehmen (ihr / Futur I) ....
9. Freunde in Berlin besuchen wollen (er / Prät.) ....
10. ein Auslandspraktikum machen (du / Futur I) ....

3 Satzklammer – Imperativsätze

Das Reflexivpronomen steht im Imperativsatz direkt hinter dem konjugierten Verb.

W Was kann man machen, wenn man neu ist? Lesen Sie den Tipp und formulieren Sie Ratschläge im Imperativ. AB: B4

1. sich doch für einen VHS-Kurs anmelden → *Melde dich doch für einen VHS-Kurs an.*
2. doch mal ins Stadttheater gehen → ……………………
3. sich doch den Nachbarn vorstellen → ……………………
4. mal Kollegen zum Kaffee einladen → ……………………
5. doch an einer Stadtführung teilnehmen → ……………………
6. mal im Sportverein vorbeischauen → ……………………

C Neu an der Uni

1 Wortschatz: Schule und Universität

V **a** Welche Wörter passen zum Thema „Schule", welche zu „Universität", welche zu beiden Themen? Sortieren Sie und ergänzen Sie auch den Artikel und die Pluralformen. LB: C1–2

~~Aula~~ | Bibliothek | Dozent | Fachschaft | Herbstferien | Hörsaal | Klasse | Klassensprecher | Lehrerzimmer | Mensa | Mitschülerin | Prüfungsamt | Referat | Tutorin | Schulhof | Seminar | Semester | Stundenplan | Zeugnis

Schule	Schule / Universität	Universität
die Aula, -s / -en;		

V **b** Welche Zusammensetzungen sind möglich? Zwei bleiben übrig. Notieren Sie.

Stud-

~~-ent~~ | -ente | -ien | -ierende | -entin | ant | -iert | -ium | -ierender

Student, ……………………

……………………

……………………

V **c** Tragen Sie die Nomen aus 1b in die Tabelle ein. Ergänzen Sie auch die Artikel und die Singular-Pluralformen.

Singular	Plural
der Student,	*die Studenten,*

D Der erste Eindruck

1 Wortschatz: Eigenschaften

W **a** Welche 6 Eigenschaften finden Sie in der Wortschlange? Notieren Sie. LB: D1a

qygenervtamwepuztfrustriertawöeiurabweisendürtnachdenklichblkapezurückhaltenditrwschüchternf

genervt, ……………………

……………………

(W) **b** Welcher Ausdruck passt zur Erklärung? Notieren Sie. LB: D3a

angeben | einschätzen | erlöschen | Proband | reichen | ~~Schubkasten-Denken~~ | umfassend | Wahrnehmung

1. *Schubkasten-Denken*: Man ordnet Personen oder allgemein alles in bestimmte Kategorien ein.
2. ....: hier: genug sein
3. ....: etwas (nicht endgültig) bewerten
4. ....: hier: verschwinden
5. ....: hier: nennen, sagen
6. ....: Versuchsperson; Person, die an einem Versuch teilnimmt
7. ....: was man sieht, riecht, schmeckt, fühlt, hört
8. ....: umfangreich, viele Details enthaltend

E Bei anderen ankommen

1 Hauptsatz + Hauptsatz: „aduso"-Konjunktionen

(W) **a** Markieren Sie im Blog alle „aduso"-Konjunktionen und korrigieren Sie sie. Die Zeichensetzung ergänzen Sie in 2a. LB: E2

Gestern bin ich zum ersten Mal zu einem Tanzkurs gegangen, ~~aber~~ *und* es hat mir echt Spaß gemacht! Als ich mich angemeldet habe, war ich ja schon etwas skeptisch: In so einen Kurs gehen doch bestimmt nur ältere Leute denn es kommen nur jüngere, die für ihren Schulball tanzen lernen wollen. Ich wollte nicht für einen Ball sondern für eine Hochzeitsfeier tanzen lernen oder es interessiert mich einfach total. Natürlich habe ich vorher auch Freunde gefragt denn sie hatten überhaupt keine Lust mitzukommen. Ich finde das jetzt nicht so schlimm und gestern Abend habe ich sofort ein paar nette Leute kennengelernt aber mich richtig wohlgefühlt.

(V) **b** Lesen Sie zuerst den Tipp und verkürzen Sie dann die Sätze mit den Konjunktionen „und / oder".

1. Ich gehe gerne in den Tanzkurs, und ich gehe gerne in den Chor.
   Ich gehe gerne in den Tanzkurs und in den Chor.
2. In den Kurs kommen nur Ältere, oder es kommen nur Schüler.
   ....
3. Man tanzt dort klassische Tänze, oder man tanzt Modern Dance.
   ....
4. Man trifft dort viele Singles, und man trifft auch viele Pärchen.
   ....
5. Alle lernen neue Menschen kennen, und sie haben viel Spaß.
   ....

> Wenn Subjekt und Verb in Satz 1 und Satz 2 gleich sind, kann man sie in Satz 2 weglassen. Wenn Sie zwei Satzteile verbinden, steht vor „und / „oder" kein Komma.

2 Richtig schreiben: Kommasetzung

(V) **a** Lesen Sie den Tipp und tragen Sie im Blogbeitrag aus 1a die fehlenden Kommas ein. AB: E2a

> Setzen Sie vor den „aduso"-Konjunktionen immer ein Komma, wenn sie zwei Hauptsätze miteinander verbinden. Das ist immer richtig. Vor „und" sowie „oder" muss zwar kein Komma stehen, aber die Sätze sind dann besser lesbar.

(V) **b** Verbinden Sie jeweils zwei Hauptsätze mit einer „aduso"-Konjunktion und notieren Sie sie in Ihrem Heft. Achten Sie auch darauf, das Komma richtig zu setzen.

1. Ich spiele gern Tennis.	aber	Mein Nachbar war früher Elektriker von Beruf.
2. Jeden Dienstag gehe ich zum Sport.	denn	Ich mache auch sehr gern Musik.
3. Mein Nachbar hilft mir oft im Haus.	und	Besuchst du mich morgen?
4. Zoe will nicht immer ausgehen.	sondern	Diesen Dienstag muss ich lange arbeiten.
5. Kommst du heute zum Kaffee?	oder	Sie möchte auch mal zu Hause bleiben.

1. Ich spiele gern Tennis (,) und ich mache auch sehr gern Musik.

3 Nebensatzkonnektoren

(V) **a** Markieren Sie die Nebensatzkonnektoren in der Mail und tragen Sie die Sätze in die passende Tabelle ein. LB: E4

Der Nebensatz kann vor und nach einem Hauptsatz stehen. Zwischen den Sätzen steht ein Komma.

Liebe Krista,

jetzt maile ich dir mal, weil ich seit gestern nichts von dir gehört habe. Wie war deine Verabredung mit Kevin? Wir hatten ja noch telefoniert, weil ich dir ein bisschen von ihm erzählen wollte. Weil du so aufgeregt warst, bin ich auch total nervös gewesen. Ich musste den ganzen Abend an dich denken – unglaublich! Damit ich auf andere Gedanken komme, habe ich später noch kurz mit Tom telefoniert. Dass ich ihn ziemlich süß finde, weißt du ja. Und was soll ich sagen? Tom hat mir erzählt, dass er eine Freundin hat!!! Ich war so frustriert, dass ich sofort aufgelegt habe. Wenn du Zeit hast, dann melde dich. Ich bin ja sooo unglücklich und sooo gespannt auf deine Neuigkeiten!!

Liebe Grüße, Daniela

Hauptsatz	**Nebensatz**		
	Nebensatzkonnektor	**Mittelfeld**	**Satzende**
1. *Jetzt maile ich dir mal,*	*weil*	*ich seit gestern nichts von dir*	*gehört habe.*
2.			
3.			
4.			

Nebensatz			**Hauptsatz**		
Pos. 1: Nebensatzkonnektor	**Mittelfeld**	**Satzende Verb vom NS**	**Pos. 1 vom HS Verb vom HS**	**Mittelfeld**	**Satzende**
5. *Weil*	*du so aufgeregt*	*warst,*	*bin*	*ich auch total nervös*	*gewesen.*
6.					
7.					
8.					

(E) **b** Tauschen Sie in den Sätzen in 3a die Reihenfolge von Haupt- und Nebensatz. Notieren Sie die Sätze in Ihrem Heft.

1. Weil ich seit gestern nichts von dir gehört habe, maile ich dir jetzt mal.

5. Ich bin auch total nervös gewesen, weil du so aufgeregt warst.

Bei Nebensätzen mit „so … dass / sodass", die eine Folge / Konsequenz ausdrücken, kann der Nebensatz **nie vor** dem Hauptsatz stehen!

4 Konnektoren und ihre Bedeutung

> **„dass" ↔ so … dass / sodass:** Der Nebensatzkonnektor „dass" steht nach Verben wie „sagen", „finden", „denken", „meinen", z. B. Ich denke, dass er recht hat. Mit „so (+ Adj.) … dass" bzw. „sodass" beschreibt man eine Folge oder Konsequenz, z. B. Ich war so krank, dass ich im Bett bleiben musste. / Ich war krank, sodass ich im Bett bleiben musste.

(V) **a** „dass" oder „so … dass / sodass"? Lesen Sie den Tipp und ergänzen Sie dann die passenden Konnektoren. AB: E3a–c

Liebe Daniela,
sorry, [1] *dass* ich mich jetzt erst melde! Ich war einfach noch [2a] .... frustriert, [2b] .... ich so etwas Unglaubliches erlebt habe! Ich hatte ja vorgestern meine erste Verabredung mit Kevin. Als ich ins Café gekommen bin, war er schon da. Ich war [3a] .... aufgeregt, [3b] .... ich zuerst gar nichts sagen konnte. Aber dann haben wir uns super unterhalten! Er sagte mir sogar, [4] .... er unser Treffen sehr nett findet. Nach zwei Stunden musste er noch zu einem anderen Termin, [5] .... wir die Rechnung bestellt haben. Ich bin dann kurz zur Toilette gegangen – und weißt du, was passiert ist? Ich kam zurück und er war weg, [6] .... ich die Rechnung alleine zahlen musste! Hast du so was schon mal erlebt? LG, Krista

(V) **b** Welcher Konnektor passt? Markieren Sie jeweils den richtigen Konnektor und ergänzen Sie die Kommas. AB: E3d

Liebe Krista,
ich habe ja schon einiges erlebt, [1] aber/sondern so etwas wirklich noch nicht! Das war ja keine Verabredung, [2] aber/sondern der Kerl hat sich auf deine Kosten satt gegessen. Ehrlich gesagt, verstehe ich das gar nicht. In der Uni war Kevin immer super nett. Das tut mir so leid für dich, [3] denn/weil du dich ja so gefreut hattest. Du könntest zum Trost morgen vorbeikommen, [4] denn/weil ich habe ein paar Freunde zum Kaffee eingeladen. Du bist bestimmt noch deprimiert, [5] aber/sondern ich würde mich total freuen, wenn du kommst! Du könntest auch etwas früher kommen, [6] denn/weil ich dir unbedingt von Tom erzählen muss. LG, Daniela

F Endlich an(ge)kommen

1 Wortfamilien „fremd" – „vertraut"

(E) **a** Markieren Sie die 12 Begriffe zu den beiden Wortfamilien im Wortgitter. Arbeiten Sie ggf. mit dem Wörterbuch. LB: F1

F	P	K	E	V	E	P	Ö	F	R	E	M	D	S	P	R	A	C	H	E
R	T	U	R	E	U	V	E	R	T	R	A	U	E	N	S	V	O	L	L
E	V	P	F	R	E	M	D	E	N	Z	I	M	M	E	R	R	T	U	M
M	O	Ü	R	T	A	H	B	M	X	Z	R	V	E	R	F	J	Ö	W	Q
D	R	F	L	R	R	C	Ö	D	I	W	Q	C	K	F	R	E	M	D	E
E	T	Q	G	A	P	V	E	R	T	R	A	U	T	H	E	I	T	I	M
L	R	R	D	U	A	C	Z	N	B	E	F	R	E	M	D	L	I	C	H
N	L	U	Y	T	P	J	F	V	E	R	T	R	A	U	E	N	A	A	R
V	E	R	T	R	A	U	E	N	S	V	E	R	H	Ä	L	T	N	I	S
A	K	O	I	V	E	R	T	R	A	U	L	I	C	H	N	S	Z	P	E

(E) **b** Sortieren Sie die Wörter nach der Wortart.

Nomen	Verben	Adjektive
das Fremdenzimmer,		*vertraut,*

A Guten Appetit!

1 Rezepte: Einen Christstollen backen

(W) **a** Mengenangaben. Lesen Sie die Liste mit den Zutaten und ergänzen Sie, wo nötig, den Plural. Kreuzen Sie anschließend in den Regeln an. LB: A1

Zutaten:

1 Kilo ..... Mehl	½ Kilo ..... Rosine .....
450 Gramm ..... Butter	100 Gramm ..... Orangeat .....
½ Liter ..... Milch	200 Gramm ..... Mandel .....
200 Gramm ..... Zucker	250 Gramm ..... Puderzucker .....
2 ½ Päckchen ..... Trockenhefe	2 Ei .....

1. Zutaten, die man nicht zählen kann, wie z. B. Mehl, Zucker, etc. haben ☐ einen ☐ keinen Plural.
2. Zählbare Zutaten bekommen ☐ einen Plural ☐ keinen Plural.
3. Die Mengenangaben Gramm / Kilo(gramm) / Liter / Stück werden ☐ in den Plural ☐ nicht in den Plural gesetzt.

(V) **b** Lesen Sie nun die Zubereitung des Christstollens und ergänzen Sie die Verben. AB: A2a

backen | erwärmen | formen | ~~geben~~ | gehen lassen | hinzugeben | verkneten | verrühren

Die Rosinen in eine Schüssel [1] *geben* .... und einweichen. Die Hälfte der Milch [2] ...., die Hefe hineingeben und alles mit einer Gabel [3] ...., etwas Zucker und 3 Esslöffel Mehl [4] .... Das übrige Mehl, den Zucker, eine Prise Salz, das Orangeat, die restliche Milch und die Mandeln mit der Hefemilch zu einem Teig [5] .... Den Teig eine Stunde an einem warmen Ort [6] ...., die Masse zu einem Stollen [7] .... und 60 Minuten bei 220 °C auf mittlerer Schiene im Ofen [8] ....

2 Wortschatz: Küchenhelfer

(E) **a** Wie heißen diese praktischen Dinge? Bilden Sie mithilfe der Wörter im Schüttelkasten Komposita und ergänzen Sie den Artikel und die Pluralform. AB: A2a

becher | besen | ~~brat~~ | brett | dosen | käse | kartoffel | knacker | mess | nuss | öffner | ~~pfanne~~ | reibe | schäler | schnee | schneide

A

die Bratpfanne, -n ....

B

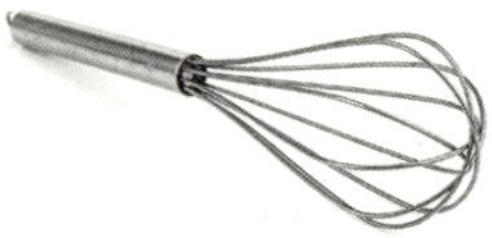

....

C

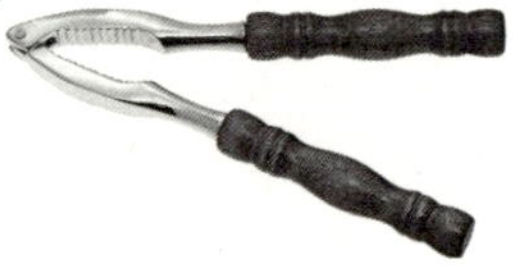

....

D

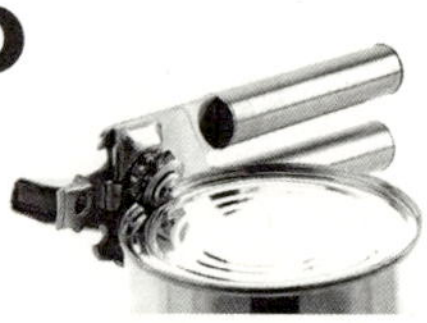

....

E

....

F

....

G

....

H

....

(E) **b** **Sie möchten einen Kuchen backen. Welche Küchenhelfer aus 2a brauchen Sie?**

1. Sie möchten Mandeln rösten. Sie brauchen *eine Bratpfanne.*
2. Sie möchten Nüsse öffnen. Sie brauchen ……………………………….
3. Sie möchten Schokolade in ganz kleine Stücke schneiden. Sie brauchen ……………………………….
4. Sie möchten Puddingpulver mit Milch verrühren. Sie brauchen ……………………………….
5. Sie möchten eine Konserve öffnen. Sie brauchen ……………………………….
6. Sie möchten 125 ml Milch in den Teig geben. Sie brauchen ……………………………….

3 Die Ernährungspyramide – Eine Grafik beschreiben

(W) **a** **Die Prozentangaben sind durcheinander geraten. Korrigieren Sie wie im Beispiel.** AB: A4

1. weniger als ein Fünftel = ~~26%~~	*18 %*	4. knapp die Hälfte = 75%	………………
2. gut ein Drittel = 31%	………………	5. mehr als ein Viertel = ~~18%~~	*26 %*
3. fast ein Drittel = 37%	………………	6. drei Viertel = 43%	………………

(V) **b** **Schauen Sie sich die Ernährungspyramide an und ergänzen Sie die Hinweise für eine gesunde Ernährung. Die Angaben in 3a können Ihnen helfen.**

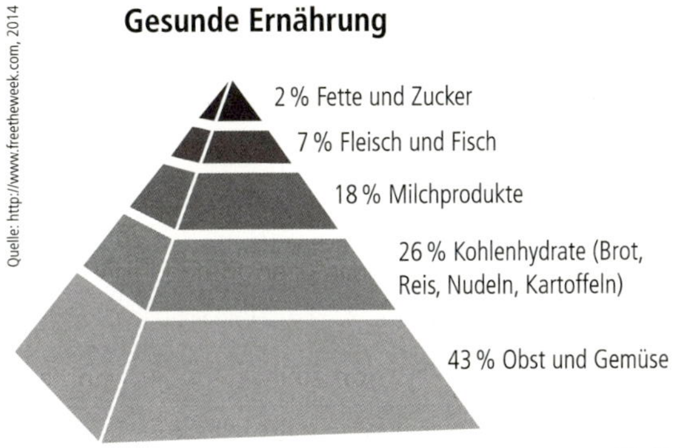

Eine gesunde Ernährung sieht so aus:
[1] *Knapp die Hälfte* des Essens sollte Obst und Gemüse sein, [2] ……………… sollte aus Brot, Reis, Nudeln oder Kartoffeln bestehen. Hier sollte man Vollkornprodukte bevorzugen. Dagegen sollten Milchprodukte [3] ……………… der Ernährung ausmachen. Auf dem Speiseplan sollten nur [4] ……………… % Fleisch und Fisch stehen. Fette und Zucker sollten aber nur einen Anteil von [5] ……………… % an der Ernährung haben.

(V) **c** **Ergänzen Sie die passenden Informationen aus der Grafik in Aufgabe 3b.**

1. Das Schaubild mit dem Titel „*Gesunde Ernährung*" zeigt, ……………………………….
2. Die Angaben stammen von der Webseite ……………………………….
3. Die Grafik zeigt, dass ……………………………… den größten Anteil an der Ernährung haben sollten.
4. Die Informationen sind in einer ……………………………… dargestellt worden.
5. Die Daten stammen aus dem Jahr ……………………………….

(E) **d** **Noch mehr Grafiken. Ordnen Sie die Begriffe den verschiedenen Diagrammen zu.**

~~Balkendiagramm~~ | Liniendiagramm | Tortendiagramm | Säulendiagramm

A

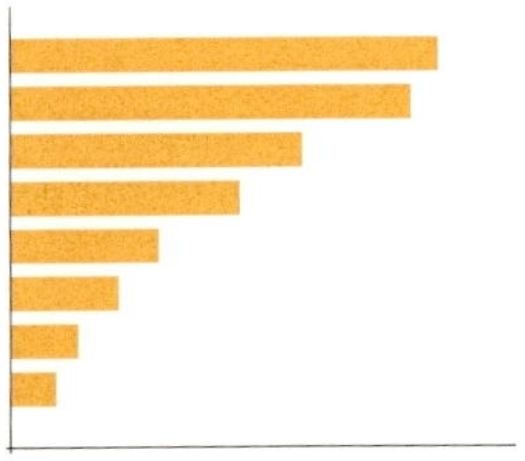

Balkendiagramm

B

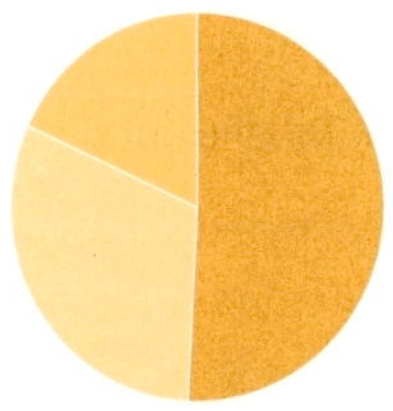

………………

C

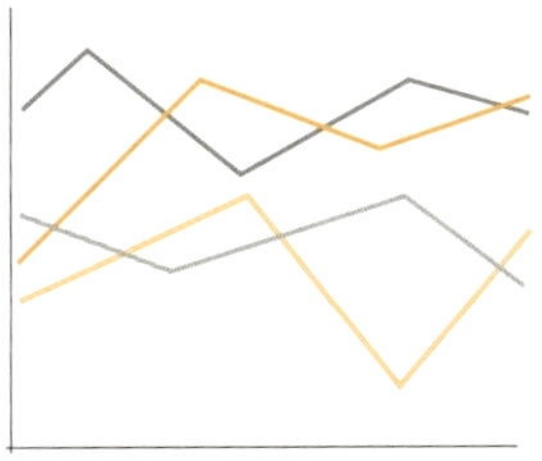

………………

D

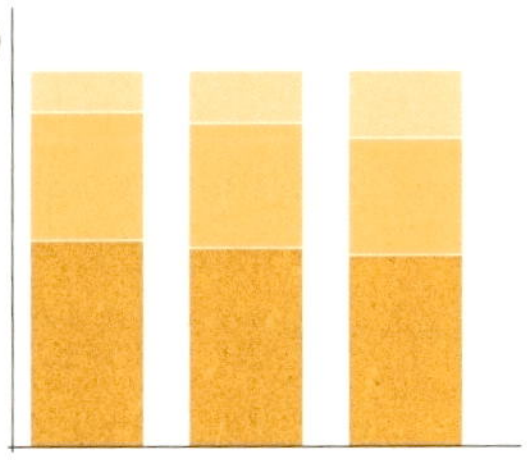

………………

B Das sieht ja lecker aus!

1 Wortschatz: Pro- und Contra-Aussagen verstehen

W Sind die Aussagen für Verbote oder dagegen? Schreiben Sie + oder – wie im Beispiel. LB: B2a + AB: B2a

1. Ich halte nichts von Verboten. [–]
2. Verbote bringen etwas, da bin ich sicher. [ ]
3. Früher gab es mehr Verbote, da war alles viel besser. [ ]
4. Ich finde, Verbote passen nicht mehr in unsere Zeit. [ ]
5. Das Einhalten von Verboten muss man kontrollieren. Wer soll das denn machen? [ ]

2 Gesünder leben – Imperativformen und ihre Besonderheiten

W a Ergänzen Sie die Imperativformen in der Tabelle und dann die Regeln. LB: B3a + AB: B3a

	Indikativ		Imperativ informell		Imperativ formell
Infinitiv	**2. Pers. Sg.**	**2. Pers. Pl.**	**2. Pers. Sg.**	**2. Pers. Pl.**	**Sg. / Pl.**
1. fahren	du fährst	ihr fahrt	Fahr!	Fahrt!	Fahren Sie!
2. laufen					
3. tragen					
4. sehen					
5. stoßen					
6. sprechen					
7. empfehlen					

1. Bei unregelmäßigen Verben mit „-a / -o" im Stamm
   - a fällt der Umlaut in der 2. Pers. Sg. im Imperativ weg.
   - b bleibt der Umlaut im Imperativ erhalten.
2. Bei Verben mit „-e" im Stamm
   - a bleibt „-i / -ie" im Imperativ der 2. Pers. Pl.
   - b bleibt das „e" wie im Präsens in der 2. Pers. Pl.

W b Sie möchten mehr für Ihre Gesundheit tun. Ihre beste Freundin gibt Ihnen Ratschläge.

1. Fahr öfter mit dem Rad zur Arbeit!
2. .... weniger fern und beweg dich mehr!
3. .... dir Zeit für einen kurzen Mittagsschlaf!
4. .... weniger Kuchen oder andere süße Sachen!
5. .... dir täglich 30 Minuten Auszeit in deinen Kalender ein!
6. .... mit deinem Arzt und frag ihn nach weiteren Tipps!

3 Konsumverhalten – Wortstellung in Imperativsätzen

V a Formulieren Sie Anweisungen und schreiben Sie sie in die Tabelle auf der nächsten Seite. Lesen Sie die Regeln und notieren Sie je einen Beispielsatz. AB: B3b

1. du – Einkaufsliste – immer – mitnehmen
2. ihr – gesund – sich ernähren
3. ihr – Werbeprospekte – doch – lesen
4. Sie – regionale Lebensmittel – einkaufen
5. Sie – über neue Produkte – sich informieren
6. du – mal – sie – probieren

Position 1			
1. *Nimm*		*immer eine Einkaufsliste*	*mit!*
2.			
3.			
4.			
5.			
6.			

In Imperativsätzen mit
1. trennbaren Verben: Die Vorsilbe steht am Satzende. Sätze: *1,* ....
2. Modalpartikeln: Sie stehen in der Regel nach dem Imperativ. Satz: ......
3. Pronomen: Die Modalpartikeln stehen meist hinter den Pronomen. Satz: ......
4. reflexiven Verben: In der 2. Pers. Sg. / Pl. steht das Reflexivpronomen hinter dem Imperativ. Satz: ......
5. reflexiven Verben: In der 3. Pers. Sg. / Pl. steht das Reflexivpronomen hinter dem Personalpronomen „Sie". Satz: ......

(V) **b** **Formulieren Sie die Einkauftipps im Imperativ. Achten Sie auf die Wortstellung.**

1. du: sich gesund ernähren → *Ernähre dich gesund!* ....
2. ihr: doch mal einkaufen bewusst → ....
3. Sie: saisonales Obst oder Gemüse zubereiten → ....
4. Sie: es doch frisch auf dem Markt kaufen → ....
5. Sie: sich über Sonderangebote informieren → ....
6. ihr: sich Vorräte anlegen → ....

C Tipps für den Gast

1 Wortschatz: Gastgeschenke

(V) **Ergänzen Sie den Kommentar mit den Wörtern aus dem Schüttelkasten.** LB: C1b

Anlass | Aufmerksamkeiten | beachten | beliebt | Eindruck | gilt | ratsam | ~~üblich~~ | unterschiedlich

Wenn man in Deutschland jemanden zu Hause besucht, ist es [1] *üblich*........, ein kleines Gastgeschenk mitzubringen, um dem Gastgeber für die Einladung zu danken. Das gehört einfach dazu, wenn man einen guten [2]........ machen möchte. Was man schenkt, ist [3]......... Das hängt vom [4]........ ab. Bei einer Einladung zu einem Abendessen gibt man vielleicht etwas mehr Geld für das Geschenk aus als bei der Einladung zu einer lockeren Party. Trotzdem sollte man [5]........, dass das Geschenk nicht zu teuer sein darf, denn das [6]........ als peinlich oder sogar unhöflich. Besser geeignet sind eher kleine [7]........ wie Pralinen oder eine Flasche Wein. Auch Blumen sind [8]........, bei jungen Leuten heute allerdings seltener als früher. Generell gilt: Je enger man mit den Gastgebern befreundet ist, desto persönlicher kann das Geschenk sein. Gute Freunde oder Verwandte freuen sich zum Beispiel auch über selbst gebackene Weihnachtsplätzchen. Besucht man entfernte Bekannte, ist es jedoch nicht [9]........, selbst gemachtes Essen mitzubringen.

D Die Wegwerfgesellschaft

1 Bloß kein Müll – Wünsche und Bitten

(V) **a** Ergänzen Sie die Formen von „haben“, „sein“ und „werden“ im Konjunktiv II. LB: D2a

	haben	sein	werden
ich	hätte	wäre	würde
du			
er / sie / es			
wir			
ihr			
sie / Sie			

Den Konjunktiv II von „werden / haben / sein + gern“ verwendet man, um einen Wunsch auszudrücken. Das Wort „gern“ macht den Wunsch weniger stark als nur „möcht-“ oder „wollen“. Der Komparativ von „gern“ ist „lieber“: Ich würde / hätte lieber …

(W) **b** Im Schnellrestaurant. Lesen Sie das Gespräch und ergänzen Sie die Konjunktiv-II-Formen aus 1a.

Tom: Annika, was [1] würdest du gern bestellen?
Annika: Ich [2] ………… gern eine Cola. Oder, nein, ein Wasser [3] ………… mir lieber.
Tom: Ich nehme auch ein Wasser und eine Currywurst, einen Burger, dazu ein paar Pommes. Und was [4] ………… du gern essen? [5] ………… du gern das Hähnchen-Menü?
Annika: Ähm, also … ich weiß nicht. Ich [6] ………… gern etwas, wofür man weniger Verpackung braucht.
Tom: Also, wenn du mich fragst, dann [7] ………… ich auch lieber weniger Müll produzieren. Aber wir sind hier in einem Schnellimbiss. Da ist das immer so!
Annika: Mensch, denk doch mal an die Umwelt! Eigentlich [8] ………… ich auch lieber in ein richtiges Restaurant gehen. Ich [9] ………… jetzt sowieso lieber Spaghetti. [10] ………… das o.k. für dich, wenn wir jetzt gehen?
Tom: Aber wir sind jetzt dran …
Annika: Entschuldigung, wir haben uns anders entschieden. Wir gehen.

(V) **c** Im Restaurant. Formulieren Sie höfliche Bitten mit folgenden Ausdrücken. Es gibt mehrere Lösungen. LB: D3a

Ich hätte gern … | Würden Sie … bitte … | Wären Sie so freundlich … zu + Inf.

1. Das Essen ist kalt. Bringen Sie mir eine neue Portion.
   Wären Sie so freundlich, mir eine neue Portion zu bringen? / Würden Sie mir bitte eine neue Portion bringen?
2. Die Musik ist zu laut. Stellen Sie bitte die Musik leiser!
   …………………………………………
3. Die Suppe braucht mehr Würze. Bringen Sie mir bitte Salz und Pfeffer.
   …………………………………………
4. Mir schmeckt kein Reis zum Lachs. Kann ich Pasta statt Reis bekommen?
   …………………………………………
5. Ich möchte noch ein Dessert. Kann ich noch einmal die Karte haben?
   …………………………………………
6. Ich möchte zahlen. Können Sie mir die Rechnung bringen?
   …………………………………………

2 Mit anderen teilen – Konjunktiv II von unregelmäßigen und gemischten Verben

W **a** Notieren Sie die fehlenden Verbformen und markieren Sie die Besonderheiten. AB: D2b

Infinitiv	Präteritum	Konjunktiv II
1. geben	*ich gab*	*ich gäbe*
2.	du ließest	du
3. wissen	er	er
4. heißen	sie hieß	sie
5. gehen	es	es
6.	wir bekamen	wir
7. finden	ihr	ihr
8.	sie nahmen	sie

W **b** Lesen Sie Annikas Kommentar zum Artikel über die Wegwerfgesellschaft und ergänzen Sie die passenden Verbformen.

Hey Leute, neulich war ich mal wieder in einem Fast-Food-Restaurant. Ich sah die vielen Essensreste und dachte über die Wegwerfmentalität der heutigen Zeit nach … Da kam mir der Gedanke: Wie [1] *wäre* es, wenn man ärmeren Menschen Lebensmitteln spenden [2] ……………, statt sie zu verschwenden? Ich [3] …………… gern jemandem helfen, z. B. der Frau in meiner Nachbarschaft, die am Monatsende kaum noch genug Geld für Lebensmittel hat. Es [4] …………… mir jedoch unangenehm, sie direkt anzusprechen. [5] …………… es eine Möglichkeit, ihr zu helfen? Ja, meinte mein Freund und erzählte mir vom Love-Sharing-Konzept. Die Idee, Lebensmittel anonym mit Ärmeren zu teilen, stammt ursprünglich aus Neapel und hat sich auch schon an anderen Orten gut etabliert. Ihr [6] …………… gern mehr darüber? Also, das funktioniert über Cafés, Bars, etc. Man bezahlt in einem der teilnehmenden Geschäfte einen Kaffee, ein Sandwich oder auch eine warme Mahlzeit im Voraus und spendet sie so. Wenn dann jemand, der sich das sonst nicht leisten kann, nachfragt, bekommt er das Essen kostenlos. Das [7] …………… sich doch auch hier bei uns machen, oder? Wie [8] …………… ihr das? [9] …………… ihr auch Interesse mitzumachen? Oder [10] …………… ihr noch andere Vorschläge? Ich würde mich echt freuen, wenn ich von euch viele Rückmeldungen [11] ……………!

W **c** Annika und Tom haben viele Wünsche. Bilden Sie Sätze im Konjunktiv II.

1. Wir möchten, dass alle Menschen genug zu essen haben. → *Hätten doch alle Menschen genug zu essen!*
2. Wir möchten, dass es weniger Umweltverschmutzung gibt. → ……………
3. Wir möchten, dass alle Menschen in Frieden leben. → ……………
4. Wir möchten einen Studienplatz bekommen. → ……………
5. Wir möchten mehr Zeit für Familie und Freunde finden. → ……………

3 Ratschläge und Empfehlungen – Konjunktiv II der Modalverben

W **a** „können" oder „sollen"? Lesen Sie den Tipp und schreiben Sie Ratschläge oder Empfehlungen in Ihr Heft. AB: D2c–e

1. Achten Sie darauf, immer Vorräte an Grundnahrungsmitteln im Haus zu haben.
2. Kocht doch die doppelte Menge einer Mahlzeit und friert etwas für später ein.
3. Verwerte Reste und zaubere daraus leckere Gerichte.
4. Probieren Sie auch einmal Getreidesorten wie Couscous mit einer kurzen Garzeit.
5. Achten Sie auf eine fettarme Zubereitung der Speisen.

- Ratschläge (informell) → „können" im Konj. II
- Empfehlungen (formell) → „sollen" im Konj. II

1. Sie sollten immer Vorräte an Grundnahrungsmitteln im Haus haben.

(V) **b** **Lesen Sie die E-Mail. Ergänzen Sie die passenden Verbformen im Konjunktiv II.** AB: D2g

Hi Nils,
in deiner letzten E-Mail hast du mir geschrieben, dass du vor deinem Urlaub viele übrig gebliebene Lebensmittel wegwerfen musstest. Ich [1] *hätte* (haben) da für das nächste Mal eine Idee. Du [2a] .... doch mal Foodsharing [2b] .... (ausprobieren können). Kennst du das? Auf einer Internetseite kann man Lebensmittel, die man nicht mehr braucht, kostenlos anbieten. Das [3] .... (sein) doch bestimmt interessant für dich, oder? Du [4] .... (haben) die Möglichkeit, anderen Menschen zu helfen, und [5a] .... keine Lebensmittel [5b] .... (verschwenden müssen). Foodsharing bietet nämlich auch noch andere Möglichkeiten. Wenn du zum Beispiel einen Kuchen backen möchtest und dir einige Zutaten fehlen, [6a] .... du sie von anderen [6b] .... (bekommen können). Man kann sich sogar mit anderen Menschen zum Kochen oder Backen treffen. Bitte schreib mir doch bald, denn ich [7] .... (wissen) gern, was du von meinem Vorschlag hältst. LG, Tom

(E) **c** **Formulieren Sie nun die Ratschläge und Empfehlungen aus 3 a mit „zu" + Infinitiv.**

1. Wir empfehlen Ihnen, *immer Vorräte an Grundnahrungsmitteln im Haus zu haben.*
2. Wir raten euch, ...
3. Ich würde dir vorschlagen, ...
4. Der Ernährungsberater empfiehlt Ihnen, ...
5. Eine weitere Empfehlung ist, ...

E Berufe rund ums Essen

1 Eine Anzeige schreiben

(V) **a** **Lesen Sie die Tipps zum Anzeigenschreiben und vergleichen Sie sie mit den Anzeigen im Lehrbuch 2 E, 3 a. Welche Tipps sollte man befolgen? Kreuzen Sie an.** LB: E3a

In Anzeigen …

1. formuliert man selten ganze Sätze. ☐
2. gibt man immer die Handynummer an. ☐
3. gebraucht man Abkürzungen. ☐
4. beschreibt man alle Details. ☐
5. schreibt man seine Adresse. ☐
6. nennt man seine Kontaktdaten. ☐

(V) **b** **Streichen Sie in der Beschreibung alles, was nicht für die Anzeige nötig ist. Schreiben Sie mithilfe der Tipps in 1 a eine Anzeige für Tamer.**

Tamer, 24, möchte sein Deutsch verbessern und sucht daher einen Tandempartner / eine Tandempartnerin für ein Tandem Arabisch / Deutsch, einmal pro Woche. Treffpunkt soll das Café Schönhaus sein. Tamer spricht bereits gut Deutsch auf dem Niveau B1. Seine E-Mailadresse lautet: tamernader@gmel.fr

Suche Partner/in für Tandem Arabisch/Deutsch
....
....
....
....

2 Ich wüsste gerne, wann und wo ...? – Indirekte Fragesätze

(V) Brit hat noch Fragen zu Tamers Anzeige. Schreiben Sie indirekte Fragesätze in Ihr Heft. AB: E2c–e

1. Ich wüsste gern: Wie viel Zeit muss ich für ein Treffen einplanen?
2. Mich würde interessieren: Seit wann bist du schon in Deutschland?
3. Weißt du vielleicht: Brauche ich ein Buch?
4. Kannst du mir sagen: Hast du schon Erfahrung mit Tandem-Lernen?
5. Außerdem möchte ich gern wissen: Wo liegt denn das Café Schönhaus?

1. Ich wüsste gerne, wie viel Zeit ich für ein Treffen einplanen muss. ....

F Lebensmittel – Gestern und heute

1 Deutschland – Kartoffelland

(V) Lesen Sie die Zusammenfassung und notieren Sie die richtige Lösung. LB: F1b

In Deutschland ist die Kartoffel eines der wichtigsten [1] *c* .... Dabei [2] .... sie eigentlich nicht aus Deutschland, sondern aus Südamerika. Besonders Friedrich II. hat dazu [3] ...., dass die Kartoffel überall in Deutschland auf den Teller kommt. Kartoffeln sind [4] .... und man kann sie sofort zubereiten, wenn man sie [5] .... hat. Da Kartoffeln bei den Deutschen besonders beliebt sind, [6] .... man Deutschland oft scherzhaft als Kartoffelland.

1. a Hauptlebensmittel
   b Hausmittel
   c Nahrungsmittel
2. a geht
   b führt
   c stammt
3. a beigetragen
   b eingetragen
   c vertragen
4. a ernährt
   b näher
   c nahrhaft
5. a angebaut
   b geerntet
   c gesammelt
6. a bezeichnet
   b unterschreibt
   c zeichnet

2 Richtig schreiben: Wie kann man Wörter trennen?

(V) a Lesen Sie die Tipps und die getrennten Wörter. Notieren Sie dann die passenden Regeln wie im Beispiel. AB: Aussprache

1. **Wörter können Sie trennen:**
   a. **nach Sprechsilben:** Sprechen Sie die Wörter laut. Nach jeder Silbe können Sie das Wort trennen.
   b. **bei mehreren Konsonanten:** Es wird der letzte Konsonant auf die nächste Zeile geschrieben.
   c. **bei Doppelkonsonanten:** Sie werden deshalb auch nach dem ersten Konsonanten getrennt.
   d. **bei „st, sp, pf, nk":** Hier kann man trennen, außer am Wortanfang oder am Silbenanfang
   e. **bei Komposita** können Sie nach dem ersten Wortteil trennen.
2. **Nicht trennen kann man:**
   a. **Buchstabenverbindungen „ch, sch, ph"**
   b. **Diphthonge, wie z. B. „ai, ei, au, eu"**

1. an-schau-en: *Regel 1a*
2. Lebens-mittel: ....
3. Töp-fe: ....
4. Res-te: ....
5. Bü-cher: ....
6. acht-sam: ....
7. kleb-rig: ....
8. Kartof-fel: ....
9. Freu-de: ....

(V) b Trennen Sie die Wörter und notieren Sie alle Trennmöglichkeiten wie im Beispiel.

1. Weihnachtsplätzchen: *Weih-nachts-plätz-chen*
2. Telefon: ....
3. Anzeige: ....
4. Überraschung: ....
5. würdest: ....
6. Empfehlung: ....
7. Spielzeug: ....
8. Gastgeschenk: ....

A Wie die Zeit vergeht

1 Wortschatz: Ein Bild beschreiben

W **a** **Finden Sie die 14 Nomen im Wortgitter.** LB: A1a

F	S	E	G	E	L	B	A	Z	B
T	C	A	E	Ö	K	R	A	N	A
Ö	H	C	B	R	L	Ü	O	H	U
Q	I	T	Ä	D	A	C	H	K	S
K	F	O	U	R	N	K	Q	J	T
I	F	R	D	O	M	E	U	M	E
R	P	A	E	J	A	T	F	I	L
C	Y	M	T	Z	S	W	E	K	L
H	P	C	I	L	T	U	R	M	E
E	G	F	L	U	S	S	Ü	E	F

V **b** **Beschreiben Sie das Bild in 1a mithilfe der Nomen aus dem Wortgitter und den Angaben im Schüttelkasten in Ihrem Heft.**

~~Das Bild zeigt eine Ansicht von Köln aus dem 12./15./18. … Jahrhundert.~~ | Im Vordergrund/Hintergrund sieht man … | In der Mitte steht … | Rechts/Links sieht man …

Das Bild zeigt eine Ansicht von Köln aus dem 15. Jahrhundert. …

2 Zeitangaben

V **a** **Welches Wort passt nicht in die Reihe: a, b, c oder d? Kreuzen Sie an. Notieren Sie, ob sich die übrigen Zeitangaben auf Vergangenheit, Gegenwart oder Zukunft beziehen.** AB: A2

1. a bald | b jetzt | c nächsten Monat | d später: *Zukunft*
2. a aktuell | b damals | c heute | d derzeit: ……
3. a ehemals | b früher | c heutzutage | d in letzter Zeit: ……
4. a in Zukunft | b in einigen Wochen | c einst | d künftig: ……
5. a derzeit | b zurzeit | c gegenwärtig | d neulich: ……

E **b** **Die Stellung von Zeitangaben im Satz. Lesen Sie den Tipp und formulieren Sie dann die Sätze wie im Beispiel.**

Zeitangaben können im Aussagesatz auf Position 1 stehen, z. B. Gestern bekam ich Besuch. Oder sie stehen sehr oft im Mittelfeld nach dem konjugierten Verb, z. B. Ich bekam gestern Besuch.

1. wenige Menschen lebten in Köln – damals
   Damals lebten wenige Menschen Köln. / Wenige Menschen lebten damals in Köln.
2. Millionen Touristen besuchen die Stadt – derzeit
   ……
3. ich werde den Dom besichtigen – bald
   ……
4. die Stadt Köln wird mehr Wohnungen bauen – in Zukunft
   ……
5. der Autoverkehr in Köln hat ständig zugenommen – in letzter Zeit
   ……

B Kindheitserinnerungen

1 Verben – regelmäßig und unregelmäßig

W **a** Regelmäßig oder unregelmäßig? Sortieren Sie die folgenden Verben. AB: B1a

~~ansteigen~~ | ~~aufbauen~~ | beginnen | benutzen | entstehen | errichten | gefallen | gründen | führen | laufen | liegen | siedeln | stattfinden | verbessern | verhindern | verlieren | vorstellen | unternehmen

Regelmäßige Verben	Unregelmäßige Verben
aufbauen,	*ansteigen,*

W **b** Schreiben Sie die passenden Verbformen der regelmäßigen Verben in die grauen Felder wie im Beispiel.

	Präsens	Perfekt	Präteritum	Plusquamperfekt
1. kaufen (er)	*er kauft*		*er kaufte*	
2. zumachen (du)				
3. bauen (sie, Pl.)				
4. lernen (ich)				
5. schicken (ihr)				
6. hören (wir)				

W **c** Ergänzen Sie die fehlenden Formen der unregelmäßigen Verben. Markieren Sie auch den Stammvokal.

Infinitiv	Präsens	Präteritum	Perfekt
1. *sitzen*	ich *sitze*	ich *saß*	ich *habe gesessen*
2.	du	du	du *hast gelesen*
3.	er	er *nahm*	er
4.	wir	wir	wir *haben begonnen*
5. *bekommen*	ihr	ihr	ihr
6.	sie / Sie *verstehen*	sie / Sie	sie / Sie

2 Zeitformen der Vergangenheit – Perfekt und Präteritum

Die meisten Verben werden mit „haben" konjugiert.

W **a** Perfekt mit „sein" oder „haben". Sortieren Sie die Verben in die Tabelle. LB: B 2 + AB: B 2a

~~aufwachen~~ | ausgeben | bekommen | einkaufen | einschalten | einschlafen | klettern | kommen | laufen | rennen | werden | wachsen

Perfekt mit „sein"		Perfekt mit „haben"
Verben der Bewegung	Verben der Veränderung	
	aufwachen,	

(W) **b** Partizip Perfekt mit oder ohne „ge-"/„-ge-"? Lesen Sie die Regeln im Arbeitsbuch 3 B, 2 c, noch einmal und tragen Sie das Partizip Perfekt zu den folgenden Verben in die Tabelle ein. LB: B2 + AB: B2b–c

~~abnehmen~~ | auftreten | ausstellen | beschreiben | bestellen | brauchen | eintragen | entstehen | erteilen | formatieren | funktionieren | genießen | lernen | notieren | studieren | verteilen | verwenden | wechseln

ohne „ge-"/„-ge-"	mit „ge-"/„-ge-"
	abgenommen,

(W) **c** Was haben Jonas und Rita in Köln gemacht? Bilden Sie Sätze im Perfekt.

1. in Köln – gestern – ankommen → *Wir sind gestern in Köln angekommen.*
2. eine Rundfahrt – zuerst – machen → ....
3. am Dom – natürlich auch – anhalten → ....
4. der Stadtführer – viel über Köln – erzählen → ....
5. wir – erfahren – dass – die Bevölkerungszahl – im letzten Jahr – sinken → ....
6. wir – hören außerdem – dass – Mieten – sehr teuer – werden → ....
7. gehen – später – in ein typisches Restaurant → ....
8. viele Kölner Spezialitäten – bestellen → ....

(W) **d** Korrigieren Sie in Maras Erlebnisbericht die falschen Präteritumformen wie im Beispiel. LB: B2 + AB: B1

Hi Jule,		
mein Tag ist Köln war super. Zuerst ~~traffte~~ ich morgens früh meine	*traf*	1
Freundin. Wir sitzten in einem Café in der Altstadt und frühstückten,	....	2
als plötzlich ein junger Mann hereinkommte und sich an einen Tisch setzte.	....	3
Lisa und ich, wir sehten uns an. Irgendwoher kannten wir ihn … nur woher?	....	4
Ich war etwas ungeschickt, deshalb fallte mir eine Tasse auf den Boden.	....	5
Da stehte der Mann plötzlich lächelnd vor unserem Tisch	....	6
und helfte mir. Mir war das sehr peinlich!	....	7
Später erfahrte ich, dass es der Sänger Sasha war. Das war echt cool! LG, Mara	....	8

(W) **e** Wie war das früher? Schreiben Sie die Sätze im Präteritum.

1. früher – im Zentrum – kein Bahnhof – es geben
   Früher gab es im Zentrum keinen Bahnhof.
2. im 13. Jahrhundert – der Bau des Kölner Doms – beginnen
   ....
3. zu allen Zeiten – große Baustellen – zum Stadtbild – gehören
   ....
4. vor 50 Jahren – nicht so viele Autos – in der Innenstadt – fahren
   ....
5. vor einigen Jahren – das Stadtarchiv – einstürzen
   ....

3 Zeitformen der Vergangenheit verwenden

W Lesen Sie zuerst die Regeln im Lehrbuch 3 B, 3, und dann den Artikel. Schreiben Sie dazu eine E-Mail und verwenden Sie, wo nötig, die Verben im Perfekt. LB: B3

Kunst in der Mülltonne
Eine Reinigungskraft warf am Samstagabend in einem Kölner Museum ein Kunstwerk in den Müll. Die Skulptur aus Pappe und Aluminium war etwa 25 Zentimeter hoch und stand neben dem Eingang zum großen Ausstellungsraum. Die Reinigungskraft hielt die Skulptur für eine leere Fast-Food-Verpackung. Die Museumsdirektion bedauerte das Versehen. Die Reinigungskraft war für die Presse gestern Nachmittag nicht erreichbar. Der Künstler selbst nahm es mit Humor.

Hallo Pjotr,
stellt dir vor, was ich heute in der Zeitung gelesen habe:
Eine Reinigungskraft hat am Samstagabend …

....

....

....

....

4 Zeitenfolge: Vorzeitigkeit – Nachzeitigkeit – Gleichzeitigkeit

W **a** Vorzeitigkeit. Lesen Sie zuerst den Tipp und ergänzen Sie die Satzteile im Plusquamperfekt. AB: B4

> **Vorzeitigkeit**
> Zur Beschreibung von Ereignissen, die noch vor anderen Geschehnissen in der Vergangenheit stattfanden (Vorzeitigkeit), verwendet man das Plusquamperfekt. Es steht in Nebensätzen mit „als" oder „nachdem". Im Hauptsatz steht dann das Präteritum oder Perfekt.

1. Ich habe Köln zum ersten Mal besucht, (nachdem – ich – schon viel – über die Stadt – hören)
   Ich habe Köln zum ersten Mal besucht, nachdem ich schon viel über die Stadt gehört hatte.
2. Ich ging zuerst in den Dom, (nachdem – ich – am Hauptbahnhof einen Reiseführer – kaufen)
   ....
3. Ich kehrte in eine typische Kölner Kneipe ein, (nachdem – ich – das Schokoladenmuseum – besuchen)
   ....
4. Ich machte einen langen Stadtbummel, (nachdem – ich – einen Sauerbraten – probieren)
   ....
5. Am späten Abend fuhr ich wieder nach Hause, (nachdem – ich – noch ein Foto vom beleuchteten Dom – machen)
   ....

V **b** Nachzeitigkeit. Lesen Sie den Tipp und formulieren Sie die Sätze in 4a wie im Beispiel. AB: B5a–c

> **Nachzeitigkeit**
> Im Nebensatz mit „bevor" steht eine Handlung oder ein Zustand, die / der nach einer Handlung oder einem Zustand im Hauptsatz liegt (Nachzeitigkeit). Die Zeitformen in Hauptsatz und Nebensatz sind gleich.

1. *Bevor ich Köln zum ersten Mal besucht habe, habe ich schon viel über die Stadt gehört.*
2. ....
3. ....
4. ....
5. ....

(W) c Gleichzeitigkeit. Lesen Sie den Tipp. Verbinden Sie die Sätze dann mit „während" und schreiben Sie sie wie im Beispiel in Ihr Heft. AB: B5d

Gleichzeitigkeit
Im Nebensatz mit „während" findet eine Handlung / ein Zustand gleichzeitig mit der Handlung / dem Zustand im Hauptsatz statt. (Gleichzeitigkeit). Die Zeitformen in Hauptsatz und Nebensatz sind gleich.

1. die Kunstausstellung besuchen – einen Freund anrufen (Präteritum)
2. mit der S-Bahn zum Schokoladenmuseum fahren – großen Hunger bekommen (Präsens)
3. viel Schokolade probieren – Zahnschmerzen bekommen (Perfekt)
4. den Kölner Dom anschauen – die Schmerzen vergessen (Präteritum)
5. im Zug nach Hause sitzen – einen Zahnarzttermin machen (Präsens)

1. Während ich die Kunstausstellung besuchte, rief ich einen Freund an.

(V) d Was passt: Nebensatzkonnektor, Präposition oder Verbindungadverb? Ergänzen Sie die Sätze. AB: B6d

danach | nach | ~~vorher~~ | vor | während | währenddessen

1. Wir sind gestern um 20.00 Uhr ins Kino gegangen, *vorher* ...., so gegen 18.00 Uhr, waren wir noch essen.
2. .... wir im Restaurant saßen, hat das Telefon meiner Freundin geklingelt.
3. .... dem Essen sind wir zum Kino gelaufen. .... klingelte wieder ihr Handy.
4. Als wir am Kino waren, gab es keine Tickets, obwohl ich welche .... dem Abendessen reserviert hatte.
5. Wir haben kurz überlegt, ... sind wir nach Hause gegangen und haben eine DVD geschaut.

C Pünktlich auf die Minute

1 Pünktlichkeit – Wortschatz erklären und verstehen

(W) a Welche Redewendung passt zu welcher Erklärung? Ordnen Sie zu. LB: C1a

1. Besser spät als nie.
2. Pünktlich wie die Maurer.
3. Wer großen Wert auf Pünktlichkeit legt, muss Sinn für das Alleinsein haben.
4. Gute Nachrichten können nie zu spät kommen.
5. Fünf Minuten vor der Zeit ist der Deutschen Pünktlichkeit.

A. Jemand kommt auf die Minute genau.
B. Man hört immer gern etwas Positives.
C. Jemand ist kurz vor der verabredeten Zeit da. Dafür sind die Deutschen besonders bekannt.
D. Nur für wenige Menschen ist Pünktlichkeit sehr wichtig.
E. Es ist wichtig, dass man etwas überhaupt macht. Der Zeitpunkt ist nicht entscheidend.

1. *E*
2. ☐
3. ☐
4. ☐
5. ☐

(V) b Welche Verben aus der Kolumne im Lehrbuch 3 C, 2 a, passen zu den Erklärungen? Notieren Sie sie im Infinitiv und geben Sie die Zeile an. LB: C2a

1. jemanden / etwas sehr lange ansehen, ohne die Augen zu bewegen: *starren (Zeile 7)*
2. etwas ist fest gesichert / verbunden (auch im übertragenen Sinn): *verankert sein (Zeile 13)*
3. sich an etwas halten: ....
4. hier: etwas bemerken, etwas zur Kenntnis nehmen: ....
5. hier: kommen, auftauchen: ....
6. etwas beenden / abschließen: ....

(V) c Schreiben Sie die Erklärungen aus 1b mithilfe der Redemittel in Ihr Heft. LB: C2c

Das Wort ... bedeutet (hier) ... | Der Ausdruck ... heißt ... | Unter ... versteht man, dass ... | Mit dem Begriff ... meint man ... | Das Wort ... drückt aus, dass ...

1. Das Wort „starren" bedeutet, dass man jemanden lange ansieht, ohne die Augen zu bewegen.

D Keine Zeit

1 Wortschatz: Zeit

(V) Wortschatz „Zeit". Was kann man sagen? Schlagen Sie in einem Wörterbuch nach und kreuzen Sie an. LB: D1a

1. jdm. Zeit ☐ abgeben ☐ anhängen ☐ leihen ☐ rauben ☐ schenken ☐ stehlen
2. die Zeit ☐ geht weg ☐ rennt ☐ schläft ☐ steht still ☐ tobt ☐ vergeht

2 Zu schnell vorbei – „so"/„zu" + Adjektiv

(E) a Lesen Sie den Tipp und ergänzen sie „so" oder „zu". LB: D1b

1. Mit „..................." kann man ausdrücken, dass etwas über eine Grenze geht, z. B. etwas kostet mehr, als ich bezahlen kann: Es ist .... teuer! Ich fahre schneller als erlaubt: Ich fahre .... schnell!
2. Mit „..................." kann man die Bedeutung des Adjektivs zu verstärken, z. B. etwas war besonders lecker: Es war .... lecker! Etwas ist sehr interessant: Das ist .... interessant!

(E) b Was passt: „so" oder „zu"? Markieren Sie die richtige Lösung wie im Beispiel.

1. Das finde ich nicht so / zu interessant.
2. Meine Freundin ist gestern viel so / zu spät zur Verabredung gekommen.
3. Hast du gestern auch das Fußballspiel gesehen? Das war ja so / zu spannend!
4. Also, diese Jeans bekommt man sonst günstiger, da hast du wirklich so / zu viel bezahlt!
5. Mein Urlaub war traumhaft, ich habe mich so / zu gut erholt!

3 Sich mehr Zeit nehmen – Nomen-Verb-Verbindungen

(W) a Markieren Sie die 18 Verben in der Wortschlange und ordnen Sie sie den Ausdrücken unten zu. Der Artikel im Lehrbuch 3 D, 2 b, kann Ihnen helfen. LB: D2b

erledigenpazsparennuabsprechenjkennenrapackenldmachenoivermeidensentdeckenüynehmenkj
ghetzenefherauskommenputverringernwhänderncei ntragenzmumsetzenöverplanenalassenhgeraten

1. Dinge erledigen	7. das Tempo	13. von Termin zu Termin ....
2. Zeit	8. Pause	14. den Tag ....
3. Termine	9. seine Grenzen	15. ein Zeitfenster ....
4. Aufgaben in den Alltag	10. den eigenen Rhythmus	16. in Zeitnot ....
5. aus der Spirale	11. eine Forderung	17. etwas in den Kalender ....
6. die Einstellung	12. Stress	18. Bedürfnisse ernst ....

(V) b Schreiben Sie jeweils einen Beispielsatz mit den Ausdrücken aus 3a in Ihr Heft.

1. Ich habe schon viele Dinge erledigt.

E Zeitreisen

1 Köln in 100 Jahren – „werden" und seine Verwendung

V **a** **Lesen Sie den Kommentar und markieren Sie die Verben.** LB: E2a + AB: E2c

Wie wird Köln in 100 Jahren aussehen? Wird das Wahrzeichen der Stadt, der Dom, noch stehen? Nun, den Dom wird es dann wohl noch geben. Er wird ja derzeit saniert, die kaputten Steine werden auch ersetzt. Das wird sicher sehr teuer. Bei so guter Pflege wird man ihn auch noch in 100 Jahren besichtigen können. In einigen Jahren wird der Dom übrigens 150 Jahre alt. Genauer gesagt wird seine Fertigstellung (vom Jahre 1880!) gefeiert – mit dem Bau begonnen wurde ja schon viel früher. Dann wird es bestimmt ein großes Fest geben.

V **b** **Wie kann man „werden" verwenden? Sammeln Sie die Verben aus 1a und notieren Sie, ob „werden" als Vollverb, Passiv oder Futur verwendet wird.**

wird ... aussehen (Futur I); ....

2 Das Präsens verwenden

W **Wie wird das Präsens verwendet: für Vergangenheit (V), Gegenwart (G) oder Zukunft (Z)? Kreuzen Sie an.** LB: E4

1. Wahrscheinlich fahren wir morgen für ein paar Tage weg. V G Z
2. 1961 wird in Berlin die Mauer gebaut, die die Stadt bis 1989 teilt. V G Z
3. Mein Nachbar eröffnet bald ein Restaurant. V G Z
4. Schon zur Zeit des Stummfilms ist Science Fiction ein beliebtes Genre. V G Z
5. Meine Nachbarin interessiert sich gerade sehr für Jazz. V G Z

3 Richtig schreiben: Fremdwörter

E **a** **Lesen Sie die Regeln und markieren Sie die unterschiedliche Schreibweise in den Beispielen.**

Bei Fremdwörtern, die mit „c" beginnen oder ein „c" enthalten, sind oft zwei Schreibweisen richtig:

„c/k"	„c/z"	„c/z" und „c/k"
Cousine – Kusine	Centrum – Zentrum	circa – zirka

Auch bei Fremdwörtern mit den folgenden Silben sind zwei Schreibweisen richtig:

Silbe	Beispiel	Silbe	Beispiel
-tiell / -ziell	potentiell – potenziell	-phot- / -fot-	photogen – fotogen
-tial / -zial	Potential – Potenzial	-phon- / -fon-	Mikrophon – Mikrofon
-graph- / -graf-	Biographie – Biografie		

E **b** **Ergänzen Sie die alternative Schreibweise.**

1. Telephon – *Telefon*
2. Citrusfrucht – ....
3. Cabrio – ....
4. substantiell – ....
5. Centrum – ....
6. Photograph – ....
7. Casino – ....
8. Graphik – ....

Im Alltag gebraucht man meist die jeweils zweite, „eingedeutschte" Schreibweise. Bei Fachbegriffen verwendet man aber in der Regel die erste, urspüngliche Schreibweise, z. B. Differential (Mathematik) oder Phonetik (Linguistik).

F Schöne Zeiten

1 Einen Erfahrungsbericht schreiben

V **a** Ergänzen Sie den Bericht mit den passenden Wörtern aus dem Schüttelkasten. LB: F3

a. die Chance | b. besuche | c. die Landschaft | d. Zuerst | e. Gemeinsam | f. ~~Mein Name~~ | g. aufgewachsen | h. verging | i. sehr gut | j. meine Familie | k. letzten | l. Praktika | m. aufgeregt | n. unvergessliche | o. organisiert

1. [1] *f* ist Thomas Quast. Ich bin 21 Jahre alt und ich bin in Duisburg [2]..... Ich habe im [3]..... Sommer ein vierwöchiges Praktikum in Busan (Südkorea) gemacht – und es war bis jetzt die schönste Zeit meines Lebens.	*Einführung: Vorstellung/Thema*
2. Ich studiere Deutsch als Fremdsprache. Während meines Studiums muss ich auch [4]..... machen. In diesem Jahr hatte ich [5]....., ein Praktikum am Sprachenzentrum der Uni Busan / Südkorea zu absolvieren. Ich war natürlich total [6]....., als ich erfahren habe, dass es klappt. Noch nie bin ich alleine so weit gereist! Ich musste auch zweimal umsteigen und der Flug war wirklich anstrengend. In Korea hat mich eine Studentin am Flughafen abgeholt. Sie arbeitet an der Uni und [7]..... die Deutschkurse. [8]..... sind wir dann mit dem Bus zur Uni gefahren. Dort ist auch das Wohnheim, in dem ich dann einen Monat untergebracht war. [9]..... habe ich mich sehr allein gefühlt, weil ich ja gar kein Koreanisch kann und nichts lesen konnte – kein Straßenschild, kein Plakat in einem Schaufenster, wirklich nichts.	....
3. Dieses Gefühl ist aber schnell verflogen, denn die Studenten und auch die Mitarbeiter an der Uni haben sich [10]..... um uns gekümmert. Das Arbeiten mit den koreanischen Studenten hat sehr viel Spaß gemacht. Ich habe interessante Lernkonzepte kennengelernt und durfte auch selbst unterrichten.	....
4. Außer mir waren noch fünf andere Praktikanten aus Europa nach Südkorea gekommen und wir haben uns sofort super verstanden. Wir haben auch viel gemeinsam unternommen – [11]..... dort ist wirklich traumhaft! Es wurden sogar extra für uns mehrere Tagesausflüge organisiert, damit wir die Gegend kennenlernen. Ich habe [12]..... Sonnenaufgänge über dem Meer gesehen und wahnsinnig viel über die Kultur gelernt.	....
5. Die Zeit [13]..... sehr schnell, aber nach vier Wochen habe ich mich auch wieder darauf gefreut, meine Freunde in Deutschland und [14]..... zu sehen. Ich habe aber auch in Busan neue Freunde gefunden und vielleicht [15]..... ich sie bald mal wieder!	....

V **b** Wie ist der Erfahrungsbericht in 1a aufgebaut? Ordnen Sie die Stichworte im Schüttelkasten den einzelnen Abschnitten zu und notieren Sie wie im Beispiel.

erste Eindrücke / neue Erfahrungen | Fazit | (besondere) Erlebnisse | ~~Einführung: Vorstellung / Thema~~ | Die erste Zeit (gemischte Gefühle)

V **c** Vergessen Sie den Titel nicht! Welcher Titel passt am besten zu dem Bericht?

1. Deutsch lernen und unterrichten in der Ferne ☐
2. Ein Praktikum in traumhafter Umgebung ☐
3. Unbekannte Kulturen entdecken ☐

A Einer für alle ...

1 Zusammen sind wir stark – Redewendungen

W Lesen Sie die Redewendungen im Schüttelkasten und ordnen Sie sie dann den Situationen zu. LB: A1b

A. wie Pech und Schwefel zusammenhalten | B. mit jemandem gemeinsame Sache machen | C. an demselben Strick ziehen | D. mit jemandem Pferde stehlen können | E. ~~mit jemandem durch dick und dünn gehen~~ | F. Einer für alle – alle für einen

Situationen	Redewendung
1. Meine Mutter ist wie eine Freundin, mit der ich oft viel Spaß habe. Wir gehen zusammen ins Kino oder ins Einkaufszentrum. Aber auch wenn ich Probleme habe, ist sie immer für mich da. Sie hört mir zu und versucht, mir zu helfen.	E
2. Lotta und Lilly kennen sich seit ihrer Kindheit und sind beste Freundinnen. Sie verbringen fast jedes Wochenende zusammen und telefonieren jeden Tag nach der Uni. Sie sind einfach unzertrennlich.	
3. Paul soll morgen in der Schule ein Referat halten. Weil er bis jetzt keine Ideen hatte, schreibt er seinen Freunden eine SMS: „Leider kann ich nicht mit euch Fußball spielen. Ich arbeite noch an meinem Vortrag." Kurze Zeit später antworten die Freunde: „Keine Sorge, Paul, wir kommen gleich und helfen dir. Schließlich hast du uns bei den Matheaufgaben geholfen."	
4. Als ich in mein Hotelzimmer zurückkehrte, bemerkte ich, dass mein Laptop und mein Geld verschwunden waren. Sofort ging ich zur Rezeption, um den Diebstahl zu melden. Da sah ich, wie der Rezeptionist und ein anderer Mann sich das Geld aus meinem Portemonnaie teilten.	
5. In einer Familie sind die Eltern nicht immer einer Meinung, wenn es um Erziehungsfragen geht. Bei Papa darf das Kind länger fernsehen, bei Mama braucht es die Schultasche nicht selbst zu tragen. Trotzdem sollten sich die Eltern in den wichtigsten Punkten einig sein und zusammenhalten. Sie müssen also ein gutes Team sein.	
6. Mein Freund ist der Beste! Mit ihm ist es nie langweilig. Man kann mit ihm alles Mögliche unternehmen. Manchmal hat er die verrücktesten Ideen.	

2 Ein Schulprojekt – Finalsätze mit „um ... zu"

V Bilden Sie Sätze mit „um ... zu". Achten Sie darauf, ob die Verben trennbar oder nicht trennbar sind. LB: A2a + AB: A2

1. die Schulklassen viel Zeit brauchen / das Projekt „Schöner Schulhof" vorbereiten
   Die Schulklassen brauchen viel Zeit, um das Projekt „Schöner Schulhof" vorzubereiten.
2. Vertreter aus allen Klassen eine Arbeitsgruppe bilden / das gemeinsame Projekt planen
   ...
3. Schüler und Lehrer sich oft treffen / gute Vorschläge sammeln
   ...
4. die Schulleiterin Gärtnerei anrufen / sich über die Verschönerung des Schulhofs informieren
   ...
5. die Gärtnereimitarbeiter kommen / mit der Arbeit anfangen
   ...
6. später die Schüler Fotos machen / den neu gestalteten Schulhof im Internet vorstellen
   ...

B Ehrensache!

1 Wortschatz: Das Ehrenamt

W **a** **Lesen Sie den Bericht im Lehrbuch 4 B, 3, noch einmal. Welches Wort passt nicht: a, b oder c? Kreuzen Sie an.** LB: B3

1. In vielen Bereichen	a fehlt es an Geld.	b gibt es Geld.	c mangelt es an Geld.
2. Das Engagement ist	a ehrenamtlich.	b freiwillig.	c kostenlos.
3. Menschen werden ehrenamtlich	a gesucht.	b betreut.	c unterstützt.
4. Ehrenamtliche Hilfe sollte	a eine lange Zeit gehen.	b langfristig sein.	c langweilig sein.
5. Ehrenamtliche können sich	a motivieren.	b weiterentwickeln.	c verwirklichen.
6. Ein Ehrenamt ist für die Karriere	a ein Pluspunkt.	b nachteilig.	c positiv.

W **b** **Ergänzen Sie die fehlenden Verben und Nomen.**

1. das Engagement: *sich engagieren*	7. entwickeln: *die Entwicklung*
2. die Unterstützung:	8. helfen: ....
3. die Existenz:	9. bezahlen: ....
4. die Anerkennung:	10. tun: ....
5. der Bewerber:	11. werben: ....
6. die Bestätigung:	12. sprechen: ....

C Ein Projekt – viele Helfer

1 „Mögen" oder „möcht-"? – Unterschiede in der Bedeutung

V **Lesen Sie den Tipp und notieren Sie in der mittleren Spalte, ob im Satz ein Wunsch (W) oder Liebe / Vorliebe (L) formuliert wird. Ergänzen Sie dann die Formen von „mögen" oder „möcht-" in der rechten Spalte der Tabelle.** AB: C3a–b

Das Verb „mögen" hat die Bedeutung „etw. / jdn. gern haben" und steht in der Regel mit einem Nomen zusammen, z. B. Ich mag Musik. „Möcht-" bedeutet „einen Wunsch haben", z. B. Ich möchte Deutsch lernen. In dieser Form wird „mögen" in der Regel mit einem Infinitiv benutzt. In der Umgangssprache gebraucht man „möcht-" auch als Vollverb ohne den Infinitiv eines anderen Verbs, z. B. Ich möchte ein Eis (haben).

1. Willst du einen Apfel?	*W*	*Möchtest* .... du einen Apfel haben?
2. Ich trinke nicht gern Kaffee.		Ich .... keinen Kaffee.
3. Lina will, dass ihr Sohn für den Test lernt.		Lina ...., dass ihr Sohn für den Test lernt.
4. Der Onkel hat seinen Neffen sehr gern.		Der Onkel .... seinen Neffen sehr.
5. Ich esse lieber Obst als Gemüse.		Ich .... Obst lieber als Gemüse.
6. Würdest du gern mitkommen?		.... du mitkommen?
7. Das Bild von Picasso gefällt ihr nicht.		Sie .... das Bild von Picasso nicht.
8. Was hättet ihr gern zum Frühstück?		Was .... ihr zum Frühstück?
9. Es ist der große Wunsch meiner Großmutter, nach Afrika zu reisen.		Meine Großmutter .... sehr gern nach Afrika reisen.

2 Geld oder Leben? – Das Präteritum von „mögen“ und „möcht-“

W **Lesen Sie Peter Zimmers Bericht und ergänzen Sie die passenden Formen von „mögen“ oder „möcht-“ im Präteritum. Der Tipp im Arbeitsbuch 4 C, 3 b, kann Ihnen helfen.** AB: C3a–b

„Ich [1] wollte .... schon immer Journalist werden. Zuerst musste ich auf einen Studienplatz warten und andere Tätigkeiten ausüben, aber diese Jobs [2] .... ich nicht. Nach einiger Zeit [3] .... ich dann auch nicht mehr studieren und gründete eine eigene Firma. Ich [4] .... die Arbeit in der Firma und meine beiden Angestellten [5] .... mich. Aber schon bald suchte ich nach einer neuen Stelle, weil ich noch mehr Geld verdienen [6] .... Mein Sohn Johann hatte es leichter als ich. Er konnte gleich nach dem Abitur studieren, was er [7] .... Er [8] .... sein Studium, aber er [9] .... auch Zeit für seine Reisen haben. Eine große Karriere [10] .... er nie machen. Für ihn war leben wichtiger als Geld.“

3 Am Arbeitsplatz – Die Modalverben und ihre Bedeutung

W **a** **Formulieren Sie mithilfe von Modalverben Sätze zu den folgenden Situationen.** AB: C4a–b

1. Sie verstehen ein deutsches Wort nicht. Bitten Sie Ihren Kollegen um Erlaubnis, sein Wörterbuch zu benutzen.
   Darf ich Ihr Wörterbuch benutzen? ....
2. Der Chef möchte, dass Ihre Kollegin einen Kunden anruft. Informieren Sie sie über die Anweisung des Chefs.
   ....
3. Es ist nötig, einen Text noch einmal gründlich zu überarbeiten. Teilen Sie das Ihrem Kollegen mit.
   ....
4. Es ist nicht erlaubt, im Büro privat zu telefonieren. Weisen Sie die neue Mitarbeiterin auf dieses Verbot hin.
   ....
5. Es gibt die Möglichkeit, im Büro Kaffee oder Tee zu kochen. Sagen Sie das Ihrem neuen Mitarbeiter.
   ....
6. Sie haben den Wunsch, in Ruhe an Ihrer Präsentation zu arbeiten. Sagen Sie das Ihrem Büronachbarn.
   ....
7. Sie haben die Absicht, nach der Arbeit noch in eine Bar zu gehen. Fragen Sie Ihre Kollegen, ob sie mitkommen.
   ....
8. Der Kopierer macht Probleme. Fragen Sie Ihre Kollegin, ob sie fähig ist, den Kopierer zu bedienen.
   ....

W **b** **Ergänzen Sie in dem Bericht die passende Form von „können“ oder „dürfen“. Manchmal gibt es zwei Lösungen.** AB: C4c

Kinder und Jugendliche sind oft Spezialisten im Umgang mit Computern und Smartphones. Nicht selten [1] können .... sie besser mit der neuen Technik umgehen als ihre Eltern. Schon kleine Kinder [2] .... manchmal auf dem Computer oder Smartphone der Eltern Spiele ausprobieren. So lernen sie diese Geräte schon früh kennen und [3] .... später besser damit umgehen. Trotzdem [4] .... Kinder und Jugendliche nicht zu viel Zeit mit Computerspielen und Apps verbringen, denn das [5] .... für sie schädlich sein. Wenn sie z. B. direkt nach der Beschäftigung mit solchen Spielen ihre Hausaufgaben machen möchten, [6] .... sie sich oft nicht gut konzentrieren. Deshalb müssen Eltern festlegen, wie lange ein Kind oder ein Jugendlicher am Computer oder Smartphone spielen [7] ....

W **c** Welche Bedeutungen haben „können" und „dürfen" in den Sätzen? Schreiben Sie die Nummern der Sätze hinter die jeweilige Bedeutung.

In der Umgangssprache verwendet man oft, alternativ zu „dürfen" (Erlaubnis) das Verb „können", z. B. Peter darf / kann eine Stunde lang am Computer spielen.

1. **Fähigkeit:** Sätze 1, ... 2. **Möglichkeit:** Sätze .... 3. **Erlaubnis:** Sätze ....

W **d** Die Modalverben „müssen" und „sollen". Welche Bedeutung passt? Ordnen Sie zu. AB: C4d

A. Pflicht / Notwendigkeit | B. Anweisung | C. Regel / Gesetz | D. Vorschlag | E. Empfehlung / Ratschlag

	Bedeutung
1. Die Schulfreunde müssen für einen Artikel in der Schülerzeitung recherchieren.	A
2. Sollen wir zuerst im Internet schauen?	
3. Informationen aus dem Internet sollte man immer gründlich überprüfen.	
4. Wir müssen viel über unser Thema wissen.	
5. Wir sollen den Artikel der Schulleiterin zeigen.	
6. Die Computer sollen vor der Pause abgeschaltet werden.	

W **e** Ergänzen Sie die Formen von „müssen" und „sollen" in der folgenden E-Mail. Manchmal sind zwei Lösungen möglich.

Hallo Lotta,

es tut mir leid, dass ich dir erst heute schreibe. Aber seit Kurzem [1] muss .... ich jeden Tag so viel arbeiten. Ich schreibe an einem Artikel über neue Kommunikationsmedien. Ich recherchiere sehr viel im Internet und in Fachzeitschriften. Du sagst ja immer, dass man nicht stundenlang vor dem Bildschirm sitzen [2] ...., aber ich [3] .... das einfach tun. Mein Chef hat gesagt, der Artikel [4] .... bis Ende des Monats fertig sein. Zum Glück [5] .... ich nicht alles allein machen, meine Kollegin hilft mir. Aber manchmal fragen wir uns wirklich, wie wir das in dieser kurzen Zeit schaffen [6] .... Meine Kollegin meint, wir [7] .... mal mit unserem Chef sprechen und ihm sagen, dass er uns mehr Zeit geben [8] .... Das [9] .... er einfach verstehen. Wann sehen wir uns? Liebe Grüße, Nils

4 Carlas Referat ist fertig. – „nicht / kein brauchen ... zu" + Infinitiv

V Carlas Freund hat noch Fragen zum Referat. Verneinen Sie seine Fragen mit „nicht / kein ... brauchen zu" + Infinitiv. AB: C5a–b

Statt „nicht müssen" sagt man auch oft „brauchen ... zu" + Infinitiv. Mit Verben verwendet man „nicht brauchen zu + Infinitiv", z. B. Wir brauchen heute nicht zu kochen. Mit Nomen gebraucht man „kein + brauchen ... zu" + Infinitiv, z. B. Wir brauchen heute keine Hausaufgaben zu machen.

1. Musst du noch Fotos ausdrucken? – Nein,
   ich brauche keine Fotos mehr auszudrucken.
2. Musst du für die Klasse Kopien vorbereiten? – Nein, ...
3. Musst du frei sprechen? – Nein, ...
4. Musst du Karteikarten beschreiben? – Nein, ...
5. Musst du der Lehrerin eine Gliederung vorlegen? – Nein, ...
6. Muss das Referat schon morgen fertig sein? – Nein, ...

5 „Social Knit Work“ – Die Modalverben

(V) Lesen Sie den Zeitungsbericht und ergänzen Sie die Verben aus dem Schüttelkasten in der passenden Form. Manchmal gibt es zwei Lösungen. AB: C5c

brauchen | dürfen | können | möcht- | mögen | müssen | sollen | wollen

„Social Knit Work Berlin“: Straßenkunst gegen Hässlichkeit

„Unser Stadtteil [1] *soll*.................. schöner werden!“ Das sagten sich einige Frauen in Berlin-Friedenau und gründeten die Initiative „Social Knit Work Berlin“. Die Frauen [2].................... in einer schöneren und bunteren Umgebung wohnen. Deshalb tun sie etwas, was in der heutigen Zeit der Technik und des Internets eher selten geworden ist: Sie stricken. Sie stricken „Kleider“ für die verschiedenen Gegenstände in öffentlichen Bereichen ihres Stadtteils oder verzieren Häuser. Natürlich [3].................... auch Männer mitmachen. Ein Mann ist schon dabei. Gut stricken [4].................... alle Mitglieder der Künstlergruppe. Sie treffen sich regelmäßig zum gemeinsamen Stricken, denn sie [5].................... immer mehr Kunstwerke anfertigen. Das Projekt [6].................... sie nicht selbst zu finanzieren, das übernehmen Sponsoren.

Dieser Trend, der auch Guerilla-Stricken genannt wird, kommt aus Amerika. Viele Leute [7].................... die bunten „Kleider“ der Straßenlaternen, Verkehrsschilder, Parkbänke oder Fahrradständer. Sie [8].................... sich von der guten Laune, die von den bunten Farben ausgehen, anstecken lassen. Aber manche Menschen [9].................... diese Art von Kunst nicht in ihrer Wohngegend sehen. Deshalb wurden bereits einige Kunstwerke zerstört. Doch die Künstler bleiben optimistisch. Bald [10].................... sie an einer großen Ausstellung teilnehmen und [11].................... es kaum erwarten, ihre Kunstwerke zu präsentieren. Bis dahin [12].................... sie aber noch viel stricken.

Pia Schniedt

D Zivilcourage

1 Hilfe – Redemittel!

(V) Ordnen Sie die Redemittel den Situationen zu. LB: D1c

~~Lassen Sie mich bitte in Ruhe!~~ | Bitte stören Sie mich jetzt nicht! | Rufen Sie bitte sofort einen Krankenwagen! | Könnten Sie mir bitte helfen? | Benötigen Sie Hilfe? | Können Sie bitte die Polizei rufen? | Kann ich Ihnen helfen? | Ich möchte nicht mit Ihnen sprechen. | Kann ich etwas für Sie tun?

Passanten um Hilfe bitten	jemanden bitten, in Ruhe gelassen zu werden	jemandem Hilfe anbieten
	Lassen Sie mich bitte in Ruhe!	

E Ganz schön egoistisch!

1 Ein Popstar lässt sich bewundern. – Das Verb „lassen“

W **a** Paula, die Freundin des Popstars Karol King, hat es nicht leicht. Formulieren Sie die folgenden Sätze mit dem Hilfsverb „lassen“. AB: E2a–b

1. Karol – sich – ins Studio – von Paula – fahren lassen
   Karol lässt sich von Paula ins Studio fahren.
2. er – seine Noten – oft – zu Hause – liegen lassen
   ....
3. er – sich – dann – die Noten – von Paula – bringen lassen
   ....
4. Karol – sich nicht – bei der Arbeit – von seiner Freundin – stören lassen
   ....
5. er – Paula – bei Proben – nicht zuhören lassen
   ....
6. bei Konzerten – er – sie – oft lange – in seiner Garderobe – warten lassen
   ....
7. bei Einladungen – der Popstar – seine Freundin – für die Gäste – kochen lassen
   ....
8. auf Partys – er – seine Freundin – sehr oft – allein – stehen lassen
   ....

W **b** Welche Bedeutung hat „lassen“ in den Sätzen? Ordnen Sie zu. AB: E2c

1. „lassen“ als „ jemanden beauftragen, etwas zu tun“: Sätze *1,* ....
2. „lassen“ als „etwas erlauben / zulassen“: Sätze ....
3. „lassen“ als „etwas liegen lassen / jemanden zurücklassen“: Sätze ....

W **c** Mit welcher Form bildet das Hilfsverb „lassen“ das Perfekt? Kreuzen Sie in der Regel an. AB: E2d

Das Hilfsverb „lassen“ bildet das Perfekt mit ☐ dem Partizip „gelassen“ ☐ dem Infinitiv „lassen“.

W **d** Formulieren Sie die Sätze aus 1a im Perfekt.

1. *Karol hat sich von Paula ins Studio fahren lassen.*
2. ....
3. ....
4. ....
5. ....
6. ....
7. ....
8. ....

2 Einfach alles liegen lassen – Typische Verben mit „lassen"

V Lesen Sie die kleine Anekdote und ergänzen Sie die Verben „liegen lassen", „stehen lassen", „sitzen lassen", „hängen lassen", „stecken lassen". AB: E2e

Vera Werner, die Managerin des Popstars, hat viel Stress und ist deshalb sehr vergesslich. Sie [1a] *lässt*.......... ständig wichtige Unterlagen oder ihre Schlüssel zu Hause [1b] *liegen*.......... . Gestern hat sie ihre Jacke im Probenraum am Garderobenhaken [2].................. .... Sie hat auch ihren Regenschirm neben der Tür [3].................. .... Neulich wollte Paula ihr die Sachen ins Büro bringen. Vera war nicht da, aber sie hatte ihren Büroschlüssel im Schloss [4].................. .... Da schloss Paula die Tür ab, denn sie wollte sie nicht offen [5].................. .... Vera war ihr deshalb sehr dankbar und seitdem [6a].................. sie Paula manchmal im Probenraum ganz hinten in der letzten Reihe [6b].................. und bei den Proben zuhören.

3 Lassen Sie das! – „lassen" als Vollverb

V a Welche Verben werden mitgedacht, aber nicht geschrieben? Ergänzen Sie sie in den Klammern.

Wenn der Kontext klar ist, lässt man in der Umgangssprache in Sätzen mit „lassen" den Infinitiv oft weg, z. B. Linda möchte gern verreisen, aber ihre Eltern lassen sie nicht (verreisen). Das Verb „lassen" ist dann ein Vollverb und bildet das Perfekt mit dem Partizip „gelassen": Sie wollte gern verreisen, aber ihre Eltern haben sie nicht gelassen.

1. Karol lässt keine Fremden in seine Wohnung (*hineinkommen*).
2. Er lässt seine Freunde nicht zu den Proben (..........................).
3. Er lässt seine Freundin nicht allein auf Partys (..........................).
4. Die Fans dürfen beim Konzert keine Fotos machen. Aber heute lässt Karol sie (..........................).
5. Karol möchte eine große Tournee machen. Paula lässt ihn (..........................).

V b Lesen Sie den Tipp und schreiben Sie die Sätze mit „lassen" aus 3a im Perfekt wie im Beispiel.

1. *Karol hat keine Fremden in seine Wohnung gelassen. / Er hat keine Fremden in seine Wohnung hineinkommen lassen.*
2. ....
3. ....
4. ....
5. ....

4 Ein Fanbericht – Die Verben „helfen / hören / sehen / bleiben / ..." + Infinitiv

W a Jan Höfle schreibt seinem Freund vom Karol King-Konzert. Ergänzen Sie Sätze mit „helfen / hören / sehen / bleiben / gehen / lernen" im Präteritum. AB: E3a

1. Es war 21.00 Uhr. Da *hörten wir die Band spielen*.......... (wir die Band spielen hören)
2. Endlich .... (wir Karol auf die Bühne kommen sehen).
3. Plötzlich stürzte die Frau neben mir. .... (ich ihr aufstehen helfen).
4. Während des Konzerts .... (wir neue Songs singen lernen).
5. „So ein tolles Konzert!", jubelten die Fans und .... (lange stehen bleiben).
6. Danach .... (ich noch zu Karol ein Autogramm holen gehen).

W b Am nächsten Tag erzählt Jan seinen Kollegen von dem Konzert. Schreiben Sie die Sätze mit „ helfen / hören / sehen / bleiben / gehen / lernen" im Perfekt in Ihr Heft. AB: E3b

1. ... Da haben wir die Band spielen hören. 2. Endlich haben

F Mein Buch, dein Buch?

1 Bücherwelten – Verben mit trennbarer oder untrennbarer Vorsilbe

(W) a Lesen Sie die Verben und markieren Sie bei den trennbaren Verben die Vorsilbe. AB: F2

aussterben | ~~benötigen~~ | besitzen | durchlesen | entdecken | hineinschauen | nachschauen | verbringen

(W) b Lesen Sie den Kommentar und ergänzen Sie die Verben aus dem Schüttelkasten. Achten Sie auch auf die richtige Zeitform.

Antiquariate – wunderbare Orte

In meiner Straße gibt es drei von ihnen – Bücherantiquariate. Wann immer ich ein Buch [1a] benötige .... – als Geschenk oder für meine Arbeit [1b] .... –, [2a] .... ich zuerst dort [2b] ...., ob ich etwas finde. Und meistens [3a] .... ich dann etwas ganz anderes [3b] ....: Ein Buch, das ich immer schon einmal lesen wollte, das ich nun unbedingt [4a] .... [4b] .... muss. Manchmal [5a] .... ich Stunden in bzw. vor meinem Lieblingsantiquariat [5b] ...., ich [6a] .... in Kisten [6b] ...., blättere in Büchern und [7a] .... schnell die Texte auf dem Einband [7b] .... Antiquare sind Büchernarren. Sie haben auf fast alle Fragen eine Antwort, sie sind verliebt in ihre Bücher. Reich werden sie mit ihrer Arbeit sicherlich nicht, aber durch ihre Arbeit [8a] .... Bücher in Zeiten von E-Books nicht [8b] ....

2 Richtig schreiben: Das Dehnungs-h

Vor den Konsonanten „l, m, n, r" steht nach einem lang gesprochenen Vokal oft ein „h", z. B. kahl, nehmen, Ohr, Lohn. Dieses Dehnungs-h zeigt, dass der Vokal lang ist. Das „h" selbst spricht man nicht mit. Wenn vor dem langen Vokal „kr, qu, sch, sp, t" steht, schreibt man jedoch kein „h", z. B. Kran, Qual, Schule, Spüle, Tat. Nach Diphthongen wie „au, äu, ei, eu" steht oft kein Dehnungs-h.

(E) a Lesen Sie den Tipp und ergänzen Sie dann dort ein Dehnungs-h, wo es nötig ist.

1. ra....ten	5. schnei....den	9. fü....len	13. lee....r	17. schä....len	21. spü....ren
2. Sa h ne	6. Bo....ne	10. Scha....le	14. zä....len	18. Rau....m	22. Spi....nat
3. Krü....mel	7. se....r	11. wa....rm	15. vie....l	19. kü....l	23. que....r
4. spa....zieren	8. sta....rk	12. Ko....l	16. Kru....g	20. Kre....bs	24. Mö....re

(E) b Wörter gesucht! Welche gleich klingenden Wörter sind gemeint? Einmal schreibt man sie mit „h" und einmal anders. Schreiben Sie.

malen | das Meer | ~~der Wal~~ | mehr | die Wahl | mahlen

Es gibt Ausnahmen, bei denen der Vokal zwar lang gesprochen, das „h" jedoch nicht geschrieben wird, z. B. malen. Manchmal gibt es Wörter, die bei unterschiedlicher Schreibung gleich klingen und verschiedene Bedeutungen haben, z. B. war – wahr.

1a. ein großes Lebewesen im Meer: der Wal ....
1b. Man hat eine Alternative, man hat die ....
2a. der Komparativ von „viel": ....
2b. ein großes Gewässer: ....
3a. etwas klein machen in einer Mühle: ....
3b. etwas mit Farbe zeichnen: ....

A Ein Dach über dem Kopf

1 Was bieten die verschiedenen Wohnmöglichkeiten? – Adjektive und Nomen

V Wie heißen die Nomen zu den Adjektiven? Geben Sie auch den bestimmten Artikel an. LB: A1b + AB: A1a

Ästhe | Ano | Dun | Eng | Ein | Gemüt | ~~Hel~~ | Käl | Kom | Mobi | Ro | Wär | man | e | fort | heit | kel | keit | keit | ~~keit~~ | li | lich | ~~lig~~ | me | nymi | sam | tät | tät | te | tik | tik

1. hell: *die Helligkeit*
2. eng: ....
3. gemütlich: ....
4. romantisch: ....
5. warm: ....
6. einsam: ....
7. komfortabel: ....
8. mobil: ....
9. kalt: ....
10. ästhetisch: ....
11. anonym: ....
12. dunkel: ....

B Tausche Wohnung

1 Wortschatz rund ums Wohnen – Wortbildung

E Ordnen Sie die zusammengesetzten Nomen in die Tabelle und ergänzen Sie den bestimmten Artikel. LB: B1b + AB: B1a

~~Altbau~~ | Dachgeschoss | Erdgeschoss | Haustier | Heizkosten | Hochhaus | Immobilienmakler | Innenstadt | Monatsmiete | Neubau | Obergeschoss | Quadratmeter | Tageslichtbad | Waschmaschine | Wohngemeinschaft

Nomen + Nomen	Adjektiv + Nomen	Adverb + Nomen	Verb + Nomen
	der Altbau,		

C Wohntrends

1 Mikrohäuser im Trend – Definitionen

V Ergänzen Sie die Erklärungen mit den Wörtern aus dem Schüttelkasten. LB: C2a

anstrengend | effizient | ~~gering~~ | sparsam | überflüssig | verkleinern | winzig

1. Der Energieverbrauch ist nicht hoch. Er ist *gering*.
2. Dinge, die unnötig sind, sind ....
3. Etwas, was sehr klein ist, ist ....
4. Eine Methode zum Klimaschutz, die wirksam ist, ist ....
5. Eine Person, die nicht viel Geld ausgibt, ist ....
6. Das Leben im Mikrohaus ist nicht immer leicht, es ist manchmal auch ....
7. Etwas kleiner machen bedeutet etwas ....

2 Endlich eine neue Wohnung! – Die Adjektivdeklination

V **a** **Ergänzen Sie die passende Adjektivform nach (un-)bestimmtem Artikel, Possessiv-, Negativ- und Nullartikel. Markieren Sie die Artikel und Endungen.** LB: C3a–d + AB: C2a–f

1. Marie hat endlich eine *neue*.................. (neu) Wohnung gefunden.
2. Sie hat lange nach einer .... (klein) Wohnung in .... (zentral) Lage gesucht.
3. Die Wohnung liegt direkt neben dem .... (groß) Einkaufszentrum.
4. Marie kann gut auf .... (überflüssig) Dinge verzichten, aber Folgendes ist für sie wichtig: eine .... (praktisch) Küche, ein .... (separat) WC und ein .... (hell) Schlafzimmer.
5. Besonders gut gefällt mir ihr .... (gemütlich) Wohnzimmer.
6. Klimaschutz ist ebenfalls ein .... (wichtig) Aspekt für Marie. Sie hat kein .... (eigen) Auto und fährt immer mit ihrem .... (schick) Fahrrad zur Arbeit.
7. Ihre .... (neu) Nachbarn sind sehr nett und hilfsbereit.
8. Glücklicherweise kommen zur Kaltmiete keine .... (hoch) Nebenkosten hinzu.

E **b** **Markieren Sie in der Kurzmeldung die Adjektive im Genitiv und tragen Sie die Endungen in die Tabelle rechts ein.**

Neuer Trend = alter Trend
Trotz des aktuellen Trends bei Einrichtungen setzt ein Großteil der befragten Leser auf bekannte Wohnideen. Der Wohntrend des kommenden Jahres: Natürliche Materialien wie Stein und Holz sowie warme Farben sind auch die klaren Favoriten der nächsten Saison.

Adjektivendungen im Genitiv nach bestimmtem Artikel				
	m	**n**	**f**	**Pl**
Gen.	*-en*			

E **c** **Was fällt auf? Ergänzen Sie die Regel.**

Die Endung der Adjektive im Genitiv nach dem bestimmten Artikel ist immer „..................".

E **d** **Lesen Sie die Mail. Markieren Sie die Adjektive im Genitiv und tragen Sie sie in die Tabelle ein.**

Hi Tom,

im Anhang findest du die Infos, die du haben wolltest:
- die Adresse meines neuen Vermieters
- die Erhöhung meiner jährlichen Miete
- die Auflistung meiner monatlichen Nebenkosten
- die Zusammenstellung zusätzlicher Ausgaben
- das Foto meines alten Bades

Trotz konstanter Betriebskosten – schon wieder Mieterhöhung! :-(

Ich ruf dich später an! LG, Jule

Adjektivendungen im Genitiv nach dem unbestimmten Artikel, Possessiv- und Negativartikel					
	m	**n**	**f**	**Pl**	
Gen.	eines / meines / keines *neuen*.......... Vermieters	eines / meines / keines .... Bades	einer / meiner / keiner .... Miete	.... Ausgaben	meiner / keiner / .... Nebenkosten

(E) **e** Was fällt auf? Ergänzen Sie die Regeln.

Nach dem unbestimmten Artikel, Possessiv- und Negativartikel ist die Endung immer: „...............“. Im Plural ist die Genitivendung nach dem unbestimmten Artikel (= Nullartikel): „...............“.

(E) **f** Markieren Sie in den Zeitungsüberschriften die Adjektivendungen im Genitiv und ergänzen Sie die Tabelle.

Wohnungsnot in Großstädten: Trotz intensiver Suche keine bezahlbare Wohnung

Leben in der WG: Toleranz ist einer der Hauptgründe guten Zusammenlebens

Mieterschutzbund warnt: viele Probleme beim Abschluss mündlicher Mietverträge

Immer mehr Singles leben in einer WG – hier die Meinungen verschiedener WG-Bewohner

Trotz schriftlichen Vertrags: Mieter wurde einfach vor die Tür gesetzt!

Adjektivendungen im Genitiv nach dem Nullartikel				
	m	n	f	Pl
Gen.			-er	

(E) **g** Was fällt auf? Ergänzen Sie die Regeln.

Die Endung der Adjektive im Genitiv vor Nomen ohne Artikel ist im Maskulinum und Neutrum: „...............“. Im Femininum und Plural ist die Endung: „...............“.

(E) **h** Lesen Sie den Ausschnitt aus einer Hausordnung und ergänzen Sie die Adjektivendungen im Genitiv.

- Das Sauberhalten des [1] gemeinsamen Spielplatzes ist die Aufgabe der Eltern.
- Bitte achten Sie auf die Trennung Ihres [2] gesamt........ Hausmülls.
- Das Abstellen [3] motorisiert........ Fahrzeuge ist auf dem Hof nicht gestattet!
- Die Reparatur von Fahrzeugen ist mit Ausnahme [4] klein........ Arbeiten auf dem Hof verboten!
- Die Reinigung des [5] gemeinsam........ Treppenhauses ist im Putzplan festgelegt.
- Die Einhaltung dieser [6] wichtig........ Regeln erleichtert unser Zusammenleben.

(E) **i** In dem Zeitungsartikel fehlen die Adjektivendungen. Ergänzen Sie sie. AB: C2g

Wohnen für Hilfe

Jahr für Jahr suchen Studierende [1] preiswerte (preiswert) Zimmer oder [2]........................ (bezahlbar) Wohnungen. [3]........................ (endlos) Wartelisten für die [4]........................ (wenig) Plätze in Studentenwohnheimen, [5]........................ (zahllos) Bewerbungsgespräche in WGs und vor allem die [6]........................ (hoch) Mieten in den [7]........................ (groß) Universitätsstädten erschweren [8]........................ (viel) Studierenden die Suche nach einer [9]........................ (passend) Wohnmöglichkeit. Mehrere Städte bieten daher seit einigen Jahren „Wohnen für Hilfe“ an. Studierende können kostenlos Wohnraum mieten und bieten dafür ihre [10]........................ (regelmäßig) Mithilfe im Alltag an. Dabei gibt es ganz [11]........................ (unterschiedlich) Aufgaben: von [12]........................ (gemeinsam) Spaziergängen mit Senioren oder Hilfe beim Einkaufen bis zur Kinderbetreuung bei [13]........................ (jung) Familien. Die Studierenden müssen keine [14]........................ (pflegerisch) Tätigkeiten ausüben. Als [15]........................ (generell) Regel gilt: Pro Quadratmeter Wohnraum leisten die Studierenden eine Stunde Hilfe im Monat. Da bleibt den Studierenden auch noch Zeit für die Pflege ihrer [16]........................ (eigen) Interessen und natürlich für das Studium.

S. Breuer

3 Vergleiche – Komparativ und Superlativ: prädikativ

W **a** Ordnen Sie die Adjektive in Tabelle ein und ergänzen Sie die Komparativ- und Superlativformen. AB: C3a–b

alt | bekannt | dunkel | gern | gut | heiß | hoch | hübsch | kurz | ~~modern~~ | nah | teuer | viel | warm

Besonderheit	Grundform	Komparativ	Superlativ
1. regelmäßig	*modern*	*moderner*	*am modernsten*
2. regelmäßig mit Umlaut			
3. Adjektive auf: „d“, „s“, „ß“, „sch“, „t“, „z“: Superlativ auf „-est“; Ausnahme: groß – größer – am größten			
4. Adjektive auf: „-el“, „-er“: Im Komparativ fällt das erste „e“ weg			
5. Sonderformen			

W **b** Ergänzen Sie die passenden Komparativ- und Superlativformen. Manchmal gibt es mehrere Lösungen.

dunkel | gern | hoch (2x) | hübsch | kurz | ~~modern~~ | nah | teuer | viel | warm | weit

1. Die neue Küche ist viel *moderner*.
2. Von hier oben kannst du am .... sehen.
3. Direkt am Kamin ist es am ....
4. Geht es hier noch .... hinauf?
5. Jetzt wohne ich noch .... bei dir.
6. Dieser Weg ist am ....
7. Im Zentrum sind die Mieten am ....
8. Das Erdgeschosszimmer ist ....
9. Hier sitze ich am ....
10. Ich finde diese Gardine am ....
11. Die Möbel kosten ab Montag ....
12. Warum wird alles immer ....?

W **c** „als“ oder „wie“? Lesen Sie Leas Bericht und markieren Sie die richtige Lösung. AB: C3c

Eine bezahlbare Wohnung oder ein WG-Zimmer in Freiburg zu finden, war noch schwerer [1] als/wie ich gedacht habe. Zum Glück habe ich über die Initiative „Wohnen für Hilfe“ so schnell eine passende Wohngemeinschaft gefunden, [2] als/wie ich gehofft hatte. Ich war anfangs sogar skeptischer [3] als/wie Frau Heller, meine 78-jährige Mitbewohnerin. Frau Heller ist viel unkomplizierter, [4] als/wie ich mir vorgestellt habe. Ich hätte nie gedacht, dass das Leben in einer WG so gut funktionieren kann [5] als/wie bei uns. Ich „muss“ Frau Heller nicht mehr [6] als/wie zweimal in der Woche im Garten helfen. Und die Gartenarbeit mache ich lieber [7] als/wie putzen. Aber nicht immer klappt das Zusammenwohnen so, [8] als/wie man sich das vorgestellt hat. Bei einem Studienfreund ist die Wohnsituation nicht so ideal [9] als/wie bei mir. (Lea S.)

4 Vergleiche – Komparativ und Superlativ: attributiv

Das Nomen muss man nicht wiederholen, das Adjektiv wird in solchen Sätzen klein geschrieben, z.B. „… keine preiswerteren?"

V **a** **Im Möbelgeschäft. Ergänzen Sie das Verkaufsgespräch mit den Komparativ- und Superlativformen wie im Beispiel.** AB: C3d

- ■ Ich suche ein preiswertes Angebot. Haben Sie [1] *keine preiswerteren* (Angebote)?
- □ Tut mir leid, das sind [2] *die preiswertesten*, die wir haben.
- ■ Wir hätten gern einen stabilen Schreibtisch. Gibt es [3] keinen .... (Schreibtisch)?
- □ Leider nein. Das ist [4] ....
- ■ Ich bräuchte eine harte Matratze. Führen Sie auch [5] .... (Matratzen) als diese?
- □ Ich bedaure, aber das sind [6] ...., die ich Ihnen anbieten kann.
- ■ Wir suchen einen hohen Schrank. Haben Sie noch [7] .... (Schrank)?
- □ Nein, leider nicht. Das ist [8] ...., den wir haben.
- ■ Ich hätte gern ein breites Regal. Gibt es [9] kein .... (Regal)?
- □ Bedaure, das sind [10] ...., die ich Ihnen anbieten kann.

V **b** **Lesen Sie die Startseite der Immobilienagentur „Top-Agentur" und ergänzen Sie die Komparativ- und Superlativformen.** AB: C3e

http://www.top-agentur.eu

Top-Agentur | Über uns | Mieten | Kaufen | Verkaufen | Service | Kontakt

Wir bieten Ihnen die [1] *attraktivsten* (attraktiv) Angebote in der ganzen Stadt. Bei uns finden Sie nicht nur [2] .... (viel) Immobilien, als Sie sich vorstellen können, sondern wirklich nur [3] die .... (gut). Wir haben Objekte in den [4] .... (beliebt) Wohngegenden. Unsere [5] .... (groß) Motivation ist Ihre Zufriedenheit. Wir garantieren Ihnen daher [6] .... (hoch) Qualität, sonst bekommen Sie Ihr Geld zurück. Nirgends finden Sie [7] .... (flexibel) Berater oder einen [8] .... (gut) Service, denn unser Team berät Sie nicht nur am [9] .... (freundlich), sondern auch am [10] .... (kompetent).

5 Richtig schreiben: Groß- und Kleinschreibung von Adjektiven

V **a** **Schreibt man die Adjektive groß oder klein? Kreuzen Sie an.** AB: C4a-b

Adjektive als Nomen schreibt man groß. Z. B. Kennst du den Neuen? Die Meisten finden ihn sehr nett.

	a	b	
1. In unserer WG bin ich die	ruhige	Ruhige.	
2. Max ist am	ältesten.	Ältesten.	
3. Unseren Vermieter nennen wir den	alten.	Alten.	
4. Was ist das	besondere	Besondere	an deiner Wohnung?
5. Für mich ist die Küche der	gemütlichste	Gemütlichste	Raum.
6. Die zentrale Lage ist das	ideale	Ideale	an unserer Wohnung.
7. Das Leben in einer WG schätzen die	meisten	Meisten	deutschen Studierenden.
8. Kennst du schon die	neuen	Neuen	Nachbarn von gegenüber?

Adjektive als Nomen werden häufig im Neutrum nach „etwas", „nichts" und „alles" gebraucht. Das Nomen wird wie ein Adjektiv dekliniert. Z. B. Ich suche nach etwas Modernem, aber ich habe noch nichts Schönes gefunden. Alles Teure kommt auch nicht in Frage.

(V) **b** Ergänzen Sie in dem Prospekt Adjektive, Komparative, Superlative als Nomen.

Lust auf neue Wohnideen? Wir beraten Sie gerne!

Lust auf etwas [1] *Neues* .... (neu)? Sind Sie auf der Suche nach etwas [2] .... (interessant)? Dann haben wir genau das [3] .... (richtig) für Sie! Nur der [4] .... (dumm) greift bei unseren tollen Angeboten nicht zu. Kommen Sie schnell zu uns! Die [5] .... (schnell / Superl.) bekommen nicht nur das [6] .... (exklusiv / Superl.), sondern auch das [7] .... (preiswert / Superl.), was wir zu bieten haben. Etwas [8] .... (ideal / Komp.) finden Sie nirgends! Denn wir wissen: [9] .... (viel) ist möglich. Unser Tipp: Kombinieren Sie doch auch mal [10] .... (alt) mit [11] .... (modern), denn eine gute Mischung ist das [12] .... (wichtig / Superl.).

D Mein Zuhause

1 Noch mehr Adjektive

(V) Adjektiv und Nomen. Was passt nicht: a, b oder c? Kreuzen Sie an. AB: D1b

	a	b	c
1. leise:	eine Person	ein Zimmer	ein Musikstück
2. ordentlich:	eine Maklergebühr	eine Wohnung	eine Kleidung
3. hell:	ein Wohnzimmer	eine Farbe	eine Situation
4. dunkel:	ein Problem	ein Raum	eine Farbe
5. laut:	eine Wohngegend	eine Stimme	eine Mieterhöhung
6. chaotisch:	eine Person	ein Problem	eine Situation

E Anders wohnen – anders leben

1 Neues aus „Sieben Linden" – Das Passiv

In Passivsätzen kann man das „Agens" bei Mitteln, Instrumenten, abstrakten Angaben oder Umständen auch mit „durch" + Akk. ausdrücken. Z. B. Das Haus wurde durch einen Brand zerstört.

(W) **a** Bilden Sie Passivsätze. Achten Sie auf die Zeitform und entscheiden Sie, ob das Agens wichtig ist oder nicht. LB: E3a–b + AB: E2a–b

1. In der Gemeinschaftsküche – Bewohner – vegetarisch kochen (Präs.)
   In der Gemeinschaftsküche wird vegetarisch gekocht. (Agens ist nicht wichtig.)
2. Über „Sieben Linden" – Filmemacher – zwei Filme – produzieren (Prät.)
   ....
3. Auch in Zukunft – ältere Menschen – Dorfbewohner selbst – pflegen (Futur I.)
   ....
4. Die Kommunikation innerhalb des Dorfes – Computer – erleichtern (Präs.)
   ....
5. Anfangs – Lebensweise in „Sieben Linden" – Bewohner Poppaus – kritisch betrachten (Plusqu.)
   ....
6. 2002 – Waldkindergarten – Ökodorfbewohner – gründen (Perf.)
   ....

(V) **b** **Bilden Sie Sätze im Passiv ohne Subjekt. Achten Sie auf die Zeitformen.** LB: E3c + AB: E2c

„Man" im Aktiv → kein Agens im Passiv. Das Agens, also die Person oder die Sache, die etwas tut oder bewirkt, ist nicht wichtig. Z. B. Man informierte die Gäste → Die Gäste wurden informiert.

1. Man klärt alle Konflikte persönlich.
   Alle Konflikte werden persönlich geklärt.
2. Die wichtigsten Entscheidungen hat man schon immer gemeinsam besprochen.
   ...
3. Man wird auch in Zukunft viele soziale Projekte unterstützen.
   ...
4. In der Vergangenheit hatte man vor allem Handwerker gesucht.
   ...
5. Alle zahlen jeden Monat einen Mitgliedsbeitrag von 100 Euro.
   ...
6. Letztes Jahr bot man den Gästen viele Veranstaltungen an.
   ...

(V) **c** **„Worden" oder „geworden"? Bilden Sie mithilfe der Stichworte Sätze im Perfekt und schreiben Sie sie in die passende Spalte der Tabelle in Ihr Heft.**

- Perfekt von „werden": „sein" + „geworden" (= Part. Perf. v. „werden"), z. B. Das Haus ist sehr schön geworden.
- Passiv Perfekt: „sein" + Part. Perf. + „worden", z. B. Das Haus ist renoviert worden.

~~Problem gelöst werden~~ | ~~Bauernhaus fertig werden~~ | Dorf größer werden | alle Erwachsenen Genossenschaftsmitglieder werden | neuer Rat gewählt werden | alle wichtigen Aufgaben erledigt werden | Leben in „Sieben Linden" bunter werden | Sommerfest organisiert werden | viele neue Ideen ausprobiert werden

Etwas ist geschehen. (Passiv)	Etwas / jemand hat sich verändert. (Aktiv)
Das Problem ist gelöst worden.	*Das Bauernhaus ist fertig geworden.*

2 Das Leben in der Dorfgemeinschaft – Das Passiv mit Modalverben

(V) **Formulieren Sie Passivsätze mit oder ohne Agens und tragen Sie sie in die Tabelle ein.** LB: E3e + AB: E3

1. Jeder muss monatlich einen Mitgliedsbeitrag zahlen.
2. Im letzten Sommer konnten die Bewohner viele schöne Feste feiern.
3. Handys soll man im Dorf ausschalten.
4. Aber Computer darf man in „Sieben Linden" benutzen.
5. Letztes Jahr musste man eine Informationsveranstaltung absagen.
6. Von Anfang an sollten die Bewohner die Gemeinschaft respektieren.

Position 1	Position 2		Satzende
1. *Ein Mitgliedsbeitrag*	*muss*	*von jedem monatlich*	*gezahlt werden.*
2. *Im letzten Sommer*			
3.			
4.			
5.			
6.			

3 Das Partizip Perfekt als Adjektiv

Partizip Perfekt
Als Adjektiv wird es dekliniert, als Verb nicht! Z. B. Die Treppe ist geputzt worden. – die geputzte Treppe.

E a **Bilden Sie Adjektive wie im Beispiel.**

1. Die Wohnung ist kürzlich renoviert worden. → *die kürzlich renovierte Wohnung*
2. Die Wände sind gerade frisch gestrichen worden. → ....
3. Der Raum wird häufig genutzt. → ....
4. Das Regal wurde selbst gebaut. → ....
5. Die Küche ist neu eingerichtet worden. → ....

E b **Ergänzen Sie in der Mail die passenden Formen des Partizips Perfekt.**

Hi Caro,
endlich kann ich in das [1] *umgebaute* (umbauen) Wohnheim einziehen. Es liegt genau hinter dem neu [2] .... (eröffnen) Einkaufszentrum an der stark [3] .... (befahren) Straße. Aber es ist gar nicht so laut, weil die neu [4] .... (einsetzen) Fenster dreifach verglast sind. Die Bauarbeiten an dem [5] .... (beschädigen) Gebäude haben nun doch sehr lange gedauert. Aber das Warten hat sich gelohnt! Ich fühle mich sehr wohl in meinem [6] .... (renovieren) Zimmer. Wann kommst du mich denn einmal besuchen? Liebe Grüße, Pia

F Übernachten mal ganz anders

Beschwerdebriefe:
- Schreiben Sie sachlich und nicht übertrieben.
- Nennen Sie konkrete Beispiele.
- Schreiben Sie höflich.

1 Sich beschweren – Redemittel

W a **Streichen Sie die unhöflichen und unsachlichen Formulierungen.** AB: F2

Der Aufenthalt war leider nicht sehr angenehm. | ~~Ich will mein Geld zurück!~~ | Die Dusche funktionierte nicht. | Ihr Personal war furchtbar. | Der Aufenthalt war eine Katastrophe! | Alles war schmutzig. | Ich hoffe auf eine Entschädigung von Seiten Ihres Hauses. | Ihr Personal war nicht sehr freundlich und hilfsbereit. | Es gab nur Probleme. | Es gab einige Probleme. | Das Bad war verschmutzt. | Nichts hat funktioniert.

V b **Korrigieren Sie den Beschwerdebrief und schreiben Sie das richtige Wort oder die zwei Wörter in der richtigen Reihenfolge an den Rand.**

Sehr ~~geerte~~ Damen und Herren,	*geehrte*	1
ich habe vom 7.–8. Mai 2014 in ihrem Hotel übernachtet. Diese Übernachtung	....	2
ist für mir nicht schön gewesen. Es gab leider Probleme. Das Zimmer	....	3
war sehr laut, da sie direkt an der Straße lag. Es war viel zu warm im Zimmer,	....	4
denn die Klimaanlage nicht funktioniert hat. Außerdem war der Teppich sehr	....	5
schmutzig. Ich bin mich an der Rezeption beschwert, aber Ihr Personal ist	....	6
unhöflich gewesen. Ich habe 95 € für die Übernachtung bezahlen. Für diesen Preis	....	7
ich kann ein ruhiges, sauberes Zimmer und einen besseren Service erwarten.	....	8
Ich hoffe nun auf eine Entschuldigung von Seiten Ihres Hauses.	....	9
Mit freundlichen Grüße …	....	10

A Neues entdecken und erfahren

1 Wortschatz: Neue Horizonte

W Ergänzen Sie die Wörter aus dem Schüttelkasten. Die markierten Buchstaben ergeben ein Wort, mit dem Sie den Lösungssatz unten vervollständigen können. AB: A1a

Abenteuer | ~~Erschöpfung~~ | Fernweh | gefährlich | Hafen | Heimweh | reich | Ruhe | spannend

1. Erschöpfung ist ein Zustand, den man nach zu viel Arbeit erreicht.
2. Wenn man .... ist, hat man keine Geldsorgen.
3. In einem .... liegen die Schiffe.
4. Ein anderes Wort für interessant ist ....
5. .... ist die Sehnsucht nach seinem Zuhause.
6. .... ist ein Gefühl, das man hat, wenn man weit wegfahren möchte.
7. Wenn alles ganz still ist, hat man ....
8. Wenn man Langeweile hat, sucht man ein ....
9. Wilde Tiere sind ....

Lösung: „Oh, was für eine tolle E ☐ ☐ ☐ ☐ ☐ ☐ ☐ ☐ .

B Faszination Extremsport

1 Wortschatz: Drachenfliegen

W **a** Notieren Sie die Wortfamilie des Verbs „fliegen".
LB: B1a

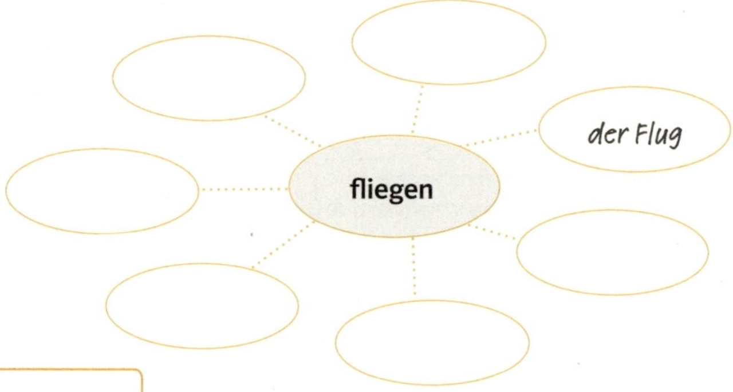

V **b** Informieren Sie sich zum Thema Drachenfliegen und setzen Sie dann die Wörter aus dem Schüttelkasten ein.

Berghänge | durchschnittliche | ~~hoch~~ | Höchstgeschwindigkeit | körperliche | Luft | regelmäßiges | Sicherheit | Vogel

Drachenfliegen ist eine Sportart, bei der man [1] hoch .... hinaus kann. Wie ein [2] .... kann man die Landschaft aus der [3] .... betrachten. Die [4] .... Geschwindigkeit liegt bei etwa 40 km/h, allerdings können moderne Drachen eine [5] .... von 100 km/h erreichen. Ein guter Startpunkt für die Drachenflieger sind freie [6] .... Die [7] .... steht auch bei dieser Extremsportart an erster Stelle – ein Zeugnis über die [8] .... Fitness der Sportler und ein [9] .... Überprüfen der Ausrüstung sind daher sehr wichtig.

2 Es lebe der Sport! – Verben und ihre Ergänzungen

W **a** Nominativ (N), Akkusativ (A), Dativ (D), Akkusativ + Dativ (AD) oder Genitiv (G)? Notieren Sie hinter die Verben den passenden Kasus. LB: B2 + AB: B2a–b

1. bleiben	*N*	5. fehlen	☐	9. werden	☐
2. bedürfen	☐	6. schenken	☐	10. wiederholen	☐
3. empfehlen	☐	7. sein	☐	11. zeigen	☐
4. essen	☐	8. sich rühmen	☐	12. zuhören	☐

V **b** Lesen Sie die Sätze und markieren Sie die Ergänzung zu den unterstrichenen Verben. Kreuzen Sie an, ob es sich um eine Nominativ- (N) oder Genitiv- (G) Ergänzung handelt.

1. Drachenfliegen ist eine Sportart, die immer beliebter und sicherer wird. N G
2. Aber dieser Sport bleibt immer noch eine gefährliche Extremsportart. N G
3. Anfänger bedienen sich oft vieler Ausreden, um ihren ersten Flug hinauszuzögern. N G
4. Dann werden die erfahrenen Drachenflieger Vorbilder für die „blutigen" Anfänger. N G
5. Sie nehmen sich der Anfänger an, um sie zu stärken und zu motivieren. N G
6. Gerade vor den ersten Flügen bedürfen sie einer besonderen Unterstützung. N G

3 Wofür interessierst du dich? – Verben mit Präpositional-Ergänzung

V **a** Wie fragt man nach Präpositional-Ergänzungen? Lesen Sie zuerst den Tipp und kreuzen Sie an, ob in den Fragen nach Personen (P) oder Sachen (S) gefragt wird. AB: B3a

> Nach Präpositional-Ergänzungen fragt man
> - mit „Wo(r)" + Präp. (→ Sachen), z. B.: Woran denkst du? – An den Sport.
> - mit Präposition + W-Frage (→ Person), z. B. An wen denkst du? – An Paul.

1. Womit beschäftigst du dich? P S
2. Bei wem muss er sich bedanken? P S
3. Worauf kann sie nicht verzichten? P S
4. Wovon erholt er sich? P S
5. Auf wen warten wir? P S
6. Über wen sprichst du? P S
7. Mit wem trifft er sich gerade? P S
8. Worüber berichtet er? P S

V **b** Lesen Sie zuerst die Antworten und stellen Sie dann die passenden Fragen nach der Präpositional-Ergänzung.

1. *Wofür interessiert sich Tim nur?* – Tim interessiert sich nur für den Marathon.
2. .... – Er träumt von einer Karriere als Profi-Sportler.
3. .... – Er verzichtet auf Süßigkeiten und Alkohol.
4. .... – Er trainiert täglich mit seinem Trainer.
5. .... – Tims Gesundheit leidet unter dem Training.
6. .... – Der Trainer glaubt an Tims Erfolg.
7. .... – Die Eltern kümmern sich sehr um ihn.
8. .... – Tim ist total verliebt in seine neue Freundin.
9. .... – Seine Freundin denkt auch fest an ihn.

W **c** Verben mit Präpositionen. Ordnen Sie den Verben die passenden Präpositionen zu. Manchmal gibt es mehrere Lösungen. Ergänzen Sie dann den passenden Kasus. AB: B3b

an | auf | bei | für | mit | in | über | um | unter | von | vor | zu

1. berichten von + D. / über + A.
2. sich fürchten ....
3. sich kümmern ....
4. sich erholen ....
5. sich freuen ....
6. sich interessieren ....
7. leiden ....
8. verzichten ....
9. sich bedanken ....
10. führen ....
11. warten ....
12. sich beschäftigen ....
13. sprechen ....
14. denken ....
15. sich verlieben ....

V **d** Lesen Sie die Aussagen über den Leistungssport und ergänzen Sie die passenden Präpositionen, Artikel und Adjektive. AB: B3c

1. Reporter berichten über d*en* international*en* Wettkampf und interviewen die Athleten.
2. Im Stadion denkt jeder Athlet .... s...... nächst...... Rennen.
3. Während der Wettkämpfe kümmern sich die Trainer .... d...... aufgeregt...... Sportler.
4. Manche Sportler leiden sehr .... ihr...... Nervosität.
5. Starke Nervosität kann .... schlecht...... Leistungen führen.
6. Deshalb können die Sportler .... e...... Sportpsychologen (Sg.) .... i...... Ängste sprechen.
7. Nach jedem Wettkampf warten die Sportler .... ihr...... Ergebnis.
8. Nach dem Wettkampf müssen sich die Sportler erst einmal .... d...... groß...... Strapazen erholen.
9. Viele Athleten bedanken sich .... ihr...... Fans .... d...... Unterstützung.

4 Sich für Sport interessieren – Reflexive Verben

W **a** Finden Sie die 10 reflexiven Verben im Arbeitsbuch 6 B, 2 b – 3 b. Erstellen Sie eine Liste der reflexiven Verben im Infinitiv. Notieren Sie ggf. auch die dazugehörigen Präpositionen. AB: B5a

sich rühmen, ...

....

....

....

....

W **b** Reflexive Verben mit und ohne Akkusativ-Ergänzung. Ergänzen Sie die Konjugationstabelle wie im Beispiel. AB: B5b

	Reflexivpronomen im Akkusativ (ohne zusätzliche Akkusativ-Erg.)	Reflexivpronomen im Dativ (mit Akkusativ-Erg.)
ich	*kämme mich.*	*kämme mir die Haare.*
du		
er / sie / es		
wir		
ihr		
sie / Sie		

(V) c „Mir" oder „mich"? Lesen Sie Tims Mail an einen Freund und markieren Sie das passende Reflexivpronomen. AB: B5b-c

Hi Robert,
weißt du schon, dass ich [1] mich/mir gestern für die WM qualifiziert habe? Das war vielleicht ein tolles Gefühl! Seit Monaten habe ich [2] mich/mir nur auf diesen Wettkampf vorbereitet. Ich habe [3] mich/mir sogar neue Laufschuhe gekauft. Vor dem Wettkampf habe ich [4] mich/mir dann das neue Trikot angezogen. Ich dachte gleich, das bringt Glück. Ich habe [5] mich/mir dann sehr angestrengt und mein Bestes gegeben. Während des Marathons habe ich gemerkt, wie ich [6] mich/mir verbessert habe. Aber ich habe [7] mich/mir meine Zeit nicht gemerkt, weil ich so müde war. Nach dem Marathon bin ich schnell unter die Dusche gegangen. Als ich [8] mich/mir gerade die Haare waschen wollte, kam mein Trainer und brachte mir die tolle Nachricht. Heute Abend möchte ich richtig feiern!
Kommst du mit? LG, Tim

5 Das neue Team stellt sich vor. – Die Position der Reflexivpronomen im Satz

(E) a **Markieren Sie die reflexiven Verben in den Beispielsätzen. Lesen Sie dann die Regeln zur Wortstellung bei reflexiven Verben in Haupt- und Nebensätzen und ordnen Sie den Beispielen jeweils die passende Regel zu.**

1. Viele Leute wenden sich Extremsportarten zu, weil sie etwas Aufregung in ihrem Leben brauchen. Regel: 1
2. Im Internet kann man sich über die unterschiedlichen Sportarten informieren. Regel: ....
3. Es ist besonders wichtig, dass sich die Sportler gut um ihre Ausrüstung kümmern, denn davon kann ihr Leben abhängen. Regel: ....
4. Manchmal entscheiden sich die Leute auch in letzter Minute anders. Regel: ....
5. Aber davon erzählt kaum jemand, weil sie sich dafür schämen. Regel: ....

Im Hauptsatz steht das Reflexivpronomen in der Regel:
1. direkt hinter dem konjugierten Verb, wenn das Subjekt auf Position 1 im Satz steht.
2. vor oder nach dem Subjekt, wenn das Subjekt nicht auf Position 1 im Satz steht.
3. nach dem Pronomen, wenn das Subjekt ein Pronomen ist und nicht auf Position 1 im Satz steht.

Im Nebensatz steht das Reflexivpronomen in der Regel:
4. vor oder nach dem Subjekt, wenn das Subjekt ein Nomen ist.
5. nach dem Pronomen, wenn das Subjekt ein Pronomen ist.

(E) b **Lesen Sie die Sätze und korrigieren Sie die falsche Satzstellung. Notieren Sie außerdem die jeweils zutreffende Regel aus 4a.**

1. Sportler sich freuen sehr über einen gewonnenen Wettbewerb. Regel: 1
   Sportler freuen sich sehr über einen gewonnen Wettbewerb.
2. Oft sich rühmen sie besonderer Fähigkeiten. Regel: ......
   ....
3. Nach dem Wettkampf sich bedanken die Sportler häufig bei ihren Fans. Regel: ......
   ....
4. Es ist normal, dass die neuen Teammitglieder der Mannschaft sich vorstellen. Regel: ......
   ....
5. Das Kennenlernen ist sehr wichtig, weil sie sonst aufregen sich. Regel: ......
   ....

6 Paul zieht (sich) um. – Reflexive und nicht-reflexive Verwendung von Verben

E **a** Lesen Sie die Verben in der Tabelle und erklären Sie jeweils den Bedeutungsunterschied mit einem Beispielsatz. Benutzen Sie dazu ggf. ein Wörterbuch. AB: B5a–b

Verb	Bedeutung bei reflexiver Verwendung	Bedeutung bei nicht-reflexiver Verwendung
1. (sich) abtrocknen	*Er trocknet sich (selbst) die Hände mit einem Handtuch ab.*	*Er trocknet die Gläser ab. (Es wird nicht gesagt, für wen er das tut)*
2. (sich) erinnern		
3. (sich) umziehen		
4. (sich) vorstellen		
5. (sich) kaufen		

E **b** Lesen Sie das Gespräch zwischen zwei Fußballfans. Wo werden die Verben reflexiv bzw. nicht reflexiv gebraucht? Ergänzen Sie, wo nötig, das passende Reflexivpronomen.

Paul: Mensch Nils, [1] stell *dir* .... vor, morgen ist das große Spiel.

Nils: Richtig. Und wir haben auch schon unsere Tickets. Oh, aber da fällt mir ein, du musst deine Schwester [2] .... noch daran erinnern, dass sie [3] .... eine Karte kauft.

Paul: Ach ja. Das hat sie bestimmt vergessen. Sie hat im Moment so viel Stress, weil sie [4] .... gerade umgezogen ist. Sie hat [5] .... so viele neue Regale und Möbel gekauft, die räumt sie schon seit Tagen ein.

Nils: Gefällt es ihr denn in der neuen Wohnung?

Paul: Ja, sie ist zufrieden. Sie hat mir erzählt, dass die Nachbarn sehr nett sind. Ein paar von ihnen haben [6] .... ihr gleich am ersten Tag vorgestellt.

Nils: Das klingt doch gut.

Paul: Ja, das finde ich auch. Jetzt muss ich mich aber beeilen und [7] .... umziehen. Ich habe meiner Schwester versprochen, ihr noch ein bisschen zu helfen. Also, bis morgen.

Nils: Ja, bis dann. Und sag' Anna schöne Grüße von mir.

C Mit Routinen brechen

1 Wortschatz: Routine im Alltag

V Hören Sie die Umfrage im Lehrbuch 6C, 1a, noch einmal und ordnen Sie die Erklärungen den Begriffen zu. Arbeiten Sie ggf. mit dem Wörterbuch. LB: C1a

LB 2 34–36

1. Routine	A. erfahren sein	1. *F*
2. etwas routinemäßig machen	B. eine Tätigkeit ist nur noch Gewohnheit	2.
3. mit Routinen brechen	C. etwas noch nicht lange machen, noch unerfahren sein	3.
4. reine Routine sein	D. Gewohnheiten ändern	4.
5. keine Routine haben	E. etwas immer wieder machen	5.
6. routiniert sein	F. Fähigkeit, bestimmte Tätigkeiten schnell und sicher auszuführen (durch Erfahrung möglich)	6.

2 Routinen damals und heute – „der- / das- / dieselbe“

W **a** Ergänzen Sie die Formen der von „der- / das- / dieselbe“. AB: C2c

	m: der Sport	n: das Buch	f: die Küche	Pl: die Filme
N	derselbe	dasselbe	dieselbe	dieselben
A				
D				
G	desselben			derselben

V **b** **Vervollständigen Sie die Sätze in dem Kommentar. Beachten Sie dabei auch die Regeln im Arbeitsbuch 6 C, 2 c.**

Menschen verändern sich: Familienmitglieder, Freunde und natürlich auch Sie selbst. Überlegen Sie einmal: Mögen Sie heute noch [1] dasselbe .... Essen wie früher? Oder hören Sie jetzt noch [2] .... Musik wie damals? Veränderungen können Angst machen, denn das Bekannte hat viele Vorteile. Wenn Sie zum Beispiel immer [3] .... Weg zur Arbeit nehmen, können Sie ihn fast im Schlaf laufen oder fahren. Aber wenn Sie einmal gezwungen sind, einen neuen Weg zu nehmen, dann werden Sie viele neue Dinge entdecken, z. B. ein neues Restaurant. Und manchmal sind Routinen auch langweilig. Können Sie sich etwa vorstellen, immer [4] .... Kleidung zu tragen? Wollen Sie jeden Abend [5] .... Filme und Serien im Fernsehen sehen? Wollen Sie immer wieder [6] .... Krimi lesen? Oder beschäftigen Sie sich immer wieder gern mit [7] .... Problem? Nein? Dann nichts wie raus aus der Routine!

3 Heute ist alles anders! – Die Negation

V **a** „Nicht“ oder „kein“? Ergänzen Sie die Sätze. LB: C2–3 + AB: C3b

1. Ich habe keine .... Lust, immer das Gleiche zu machen.
2. Heute will ich mal .... früh aufstehen. Ich will lieber ausschlafen.
3. Heute lese ich .... Buch, heute schaue ich fern.
4. Morgen werde ich auch .... zum Sport gehen. Ich gehe mit Freunden ins Kino.
5. Meine Kleidung ist jetzt auch .... mehr schwarz, sondern bunt.
6. Ich will .... Langeweile mehr in meinem Leben.

„Dasselbe“ und „das Gleiche“

- „Dasselbe“ bedeutet etwas ist identisch bzw. genau gleich, z. B. Sie trägt denselben Pullover wie ich. (= Der Pullover sieht ganz genauso aus wie meiner.)
- „Das Gleiche“ bedeutet etwas ist sehr ähnlich, z. B. Sie trägt den gleichen Pullover wie ich. (= Er hat den gleichen Schnitt, aber vielleicht eine andere Farbe.)
- Achtung: Die Formen von „dasselbe“ werden zusammengeschrieben. Die Formen von „das Gleiche“ getrennt.

V **b** **Lesen Sie die Sätze und verneinen Sie die unterstrichenen Satzteile.**

1. Die meisten Menschen gestalten ihren Alltag <u>mit</u> der Hilfe von Routinen.
   Die meisten Menschen gestalten ihren Alltag ohne die Hilfe von Routinen.
2. Viele Leute essen zum Beispiel <u>immer</u> das Gleiche zum Frühstück.
   ....
3. Die meisten Menschen sind im Alltag sehr <u>höflich</u>.
   ....
4. Aber ich möchte mein Leben <u>ändern</u>.
   ....
5. <u>Mein Alltag gefällt mir</u>.
   ....

Ⓥ c Sonderformen der Negation. Vervollständigen Sie den kurzen Artikel mit den Angaben aus dem Schüttelkasten. AB: C3d

Achtung: „niemand" wird dekliniert, z. B. Ich sehe hier niemanden.

noch nicht | nicht mehr | ~~keiner~~ | nie (2x) | niemand (2x) | nirgendwo | nichts | wenig | nirgendwohin

Sag niemals nie! – Raus aus der Routine!

[1] Keiner .... gibt gern zu, dass der eigene Alltag langweilig ist. Aber wenn man bemerkt, dass der Alltag [2] .... aufregend ist, dann sollte man unbedingt etwas unternehmen. Besonders dann, wenn man feststellt, dass einem [3] .... Spaß macht und man [4] .... Abwechslung hat, muss man etwas ändern. Wichtig ist, [5] .... aufzugeben und sich von [6] .... einreden zu lassen, dass es unmöglich ist, etwas zu ändern. Man sagt zwar, dass es [7] .... schöner ist als zu Hause, aber manchmal muss ein Ortwechsel einfach sein. Wenn Sie immer in den eigenen vier Wänden bleiben und [8] .... fahren, dann fällt Ihnen die Decke auf den Kopf. Da kann Ihnen [9] .... helfen – nur Sie sich selbst. Deshalb sollte man sich auch im hohen Alter noch sagen: „Nur [10] .... den Kopf in den Sand stecken, denn für Veränderungen ist man auch dann [11] .... zu alt."

D Wissensdurst

1 Richtig schreiben: Groß- und Kleinschreibung

Ⓔ a **Lesen Sie die folgenden Regeln zur Groß- und Kleinschreibung und ordnen Sie den Regeln die Beispiele aus dem Schüttelkasten zu.**

das Wissen | der Große Bär | etwas Schönes | Es gibt oft … | die Entwicklung | der Kleine Wagen | Ich finde es schwierig, wenn … | ~~die Berührung~~ | heute Morgen | …, dass sie am schönsten ist. | gestern Abend | … ist am teuersten. | die Gleichheit | alles Gute

1. Alle Substantive werden großgeschrieben.
   Beispiele: die Berührung, ...
2. Alle Satzanfänge werden großgeschrieben.
   Beispiele: ....
3. Alle Eigennamen werden großgeschrieben.
   Beispiele: ....
4. Substantivierte Verben und Adjektive werden großgeschrieben.
   Beispiele: ....
5. Tageszeitangaben nach Adverbien werden großgeschrieben.
   Beispiele: ....
6. Superlative mit „am" nach denen man mit „Wie?" fragen kann, werden kleingeschrieben.
   Beispiele: ....

(E) **b** Groß oder klein? Lesen Sie den Beitrag aus einem Gesundheitsratgeber und korrigieren Sie ihn. Beachten Sie dabei die Regeln aus 1a.

> ~~g~~ G estern abend hat paul an der tür gelauscht und ein geheimnis erfahren. jetzt ist er sich nicht sicher, ob er es jemandem erzählen oder lieber den mund halten soll. eine solche situation haben die meisten von uns schon erlebt. sie ist sicherlich sehr unangenehm. ist neugier also nun gut oder schlecht? diese frage lässt sich leider nicht klar beantworten. zwar gibt es viele sprichwörter, die sagen, dass neugier eine schlechte charaktereigenschaft ist, die uns auch in schwierigkeiten bringen kann, aber forscher haben herausgefunden, dass neugierige länger leben. wichtig ist, neuem aufgeschlossen und interessiert gegenüberzustehen. fangen wir schon heute damit an!

E Literatur entdecken

1 Nach dem Vortrag – Redemittel

(W) Ordnen Sie die Redemittel im Lehrbuch 6 E, 3 c, den folgenden Kategorien zu. LB: E3c

1. Nachfragen bei Interesse: *Darf ich noch etwas zu … fragen?;* ……………………

……………………………………………………

2. Nachfragen bei Unverständnis: ……………………

……………………………………………………

3. Nach der Meinung fragen: ……………………

……………………………………………………

F (Meine) Entdeckungen

1 Auf in die Welt! – Nomen-Verb-Verbindungen

(V) Nomen und Verb. Was passt zusammen? Ordnen Sie zu. LB: F2a

1. eine Erbschaft	A. ziehen	1. *C*
2. Träume	B. unternehmen	2. ☐
3. in die Welt	C. machen	3. ☐
4. Expeditionen	D. steigen	4. ☐
5. Pflanzen	E. verwirklichen	5. ☐
6. Forschungsergebnisse	F. erforschen	6. ☐
7. Gebiete	G. lehren	7. ☐
8. auf einen Gipfel	H. bestimmen	8. ☐
9. an der Universität	I. auswerten	9. ☐

Nomen-Verb-Verbindungen sind relativ feste Kombinationen von Nomen und Verben, die häufig gemeinsam vorkommen. Es lohnt sich also, sie als Verbindung zu lernen.

Lösungen

Kapitel 1

1A Ankommen

1a **Foto A:** Dorf, traditionelle Kleidung, Schüsseln • **Foto B:** förmlich, Hand geben, schick • **Foto C:** entspannt, Gepäckwagen, Urlaub • **Foto D:** anreichen, hochheben, Karton • **Foto E:** Hörsaal, konzentriert, mitschreiben • **Foto F:** hochreißen, jubeln, Ziellinie

1b *Mögliche Lösungen:* **Foto A:** … Sie haben bunte traditionelle Kleider an und tragen Schüsseln auf dem Kopf. In der Mitte steht eine junge Frau. Sie kommt vermutlich nicht aus Afrika. Vielleicht arbeitet sie für ein Hilfsprojekt. Im Hintergrund sieht man Land. Die Personen leben vielleicht in einem afrikanischen Dorf. • **Foto B:** Man sieht drei Menschen in einem Firmengebäude. Sie sind sehr schick angezogen. Eine Frau gibt einem Mann die Hand. Die Situation ist sehr förmlich. Vielleicht ist die junge Frau im Vordergrund zu einem Bewerbungsgespräch eingeladen. • **Foto C:** Man sieht im Vordergrund ein Paar. Sie sehen entspannt und glücklich aus. Vielleicht kommen sie gerade an einem Urlaubsort an, denn sie schieben einen Gepäckwagen. Im Hintergrund sieht man das Ankunftsschild auf einem Flughafen. • **Foto D:** Auf dem Foto sieht man eine junge Frau und einen jungen Mann. Sie heben einen großen Karton hoch. Im Hintergrund sieht man eine offene Tür und weitere Kartons. Vermutlich ziehen die beiden um. • **Foto E:** Auf dem Foto sind viele Studenten. Sie sitzen in einem Hörsaal. Sie sind sehr konzentriert und schreiben mit. • **Foto F:** Im Vordergrund sieht man eine Läuferin, die gerade durch die Ziellinie läuft. Sie hat vermutlich gewonnen, denn sie reißt die Arme hoch und jubelt. Links hinter ihr kommt eine weitere Läuferin. Sie sind auf einem Sportplatz. Vermutlich haben sie an einem Wettlauf teilgenommen.

2a 2. schon • 3. Bescheid • 4. Nachricht • 5. wenn • 6. geschrieben • 7. wie • 8. Tipps

2b Liebe Analynn,
vielmals Dank für deine Mail! Schön, dass du mir geschrieben hast. Ich kann mir gut vorstellen, wie es dir gerade geht. Du fühlst dich bestimmt nicht wohl, so ganz allein in einem fremden Land. So etwas habe ich auch schon erlebt. Ich habe ja mal ein dreimonatiges Praktikum im Ausland gemacht, aber zum Glück habe ich damals Hilfe bekommen. Dadurch war vieles einfacher für mich, als es jetzt für dich ist. Wir hatten einen persönlichen Ansprechpartner in der Firma, an den wir uns wirklich jederzeit wenden konnten. Das war super. Ich möchte dir heute paar Tipps geben: Frag mal deine Kollegen, was sie unternehmen. Vielleicht kannst du mitmachen. Du kannst auch zu einem Sportverein gehen. Du spielst doch gerne Volleyball. Da gibt es bestimmt nette Leute. Es ist sicher nicht leicht, aber mach dir keine Sorgen! Das braucht Zeit. Hast du Lust, bald mal zu telefonieren? Sag mir doch einfach kurz Bescheid. Melde dich, wenn / wie ich noch etwas für dich tun kann. LG, Brit

1B Willkommen in Deutschland!

1a *Mögliche Lösungen:*

	Position 1	Position 2		Satzende
1.	Wir	sind	früh am Morgen mit dem Zug nach Berlin	gefahren!
2.	Aber morgen	setze	ich meinen Bericht	fort.
3.	Leider	konnten	wir nicht ins Gebäude	gehen, …
4.	So, jetzt	werd'	ich mal Schluss	machen.

1b 2. Zuerst sehe ich mir den Kölner Dom an. • 3. Außerdem will ich ins Museum Ludwig gehen. • 4. Bei meinem letzten Ausflug bin ich im Schokoladenmuseum gewesen. • 5. Heute werde ich durch die Geschäfte in der Innenstadt bummeln. • 6. Am späten Abend muss ich wieder zu Hause sein.

1c …, aber ich habe schon gute Freunde gefunden. Und meine Freunde haben mir etwas ganz Besonderes zum Geburtstag geschenkt: Morgen werden wir einen großen Ausflug machen. Wir bleiben sogar über Nacht weg. Meine Freunde haben mir nicht gesagt, wohin wir fahren. Es soll eine Überraschung sein. Ich kann bestimmt nicht gut schlafen, weil ich nur eine Frage im Kopf habe: Wo werden wir hinfahren? Morgen fahren wir ganz früh los, und wir wollen im Zug noch mal ein bisschen schlafen. Wenn wir aufwachen, dann fährt der Zug bestimmt schon in den Bahnhof ein …

1d Ich habe zum ersten Mal ein echtes Schloss gesehen. Ich habe mich wie im Märchen gefühlt und eine Menge Fotos gemacht. Ich habe viele neue Eindrücke gesammelt. Abends bin ich erschöpft gewesen und glücklich zurückgefahren.

2a **W-Fragen**

	Position 1	Position 2		Satzende	Regel
2.	Wann	bist	du zum ersten Mal in Deutschland	gewesen?	1b
3.	Wie	füllt	man dieses Anmeldeformular	aus?	1a

Ja- / Nein-Fragen

	Position 1	Position 2		Satzende	Regel
					2c
2.	Ziehst	du	zum ersten Mal	um?	2a
3.	Hast	du	schon mal ein Auslandspraktikum	gemacht?	2b

2b 2. Wie viele Freunde hast du (eigentlich)? • 3. Telefonierst du (eigentlich) oft mit deinen Eltern? • 4. Musst du morgens nicht früh aufstehen? • 5. Wann sind (eigentlich) deine Prüfungen?

2c 2. Wollten Sie in einem Sportverein trainieren? • 3. Wie hast du dich im Deutschkurs gefühlt? • 4. Ladet ihr Nachbarn zu eurer Einweihungsparty ein? • 5. Werden sie wirklich zusammen in die Ferien fahren? • 6. Wer kann bei Reparaturen in der Wohnung helfen? • 7. Wann kam sie von der Uni zurück? • 8. Was werdet ihr am Wochenende unternehmen? • 9. Wollte er Freunde in Berlin besuchen? • 10. Wirst du ein Auslandspraktikum machen?

3 2. Geh doch mal ins Stadttheater. • 3. Stell dich doch den Nachbarn vor. • 4. Lade mal Kollegen zum Kaffee ein. • 5. Nimm doch an einer Stadtführung teil. • 6. Schau mal im Sportverein vorbei.

1C Neu an der Uni

1a

Schule:	Schule / Universität:	Universität:
die Herbstferien, -; die Klasse, -n; der Klassensprecher, -; das Lehrerzimmer, -; die Mitschülerin, -nen; der Schulhof, ¨-e	die Bibliothek, -en; die Mensa, Mensen; das Referat, -e; der Stundenplan, ¨-e; die Tutorin, -nen; das Zeugnis, -se	der Dozent, -en; die Fachschaft, -en; der Hörsaal, -säle; das Prüfungsamt, ¨-er; das Seminar, -e; das Semester, -

1b Studien, Studierende, Studentin, studiert, Studium, Studierender

1c

Singular:	Plural:
der Studierende / die Studierende; das Studium; die Studentin; ein Studierender	die Studierenden; die Studien; die Studentinnen; Studierende

1D Der erste Eindruck

1a frustriert • abweisend • nachdenklich • zurückhaltend • schüchtern

1b 2. reichen • 3. einschätzen • 4. erlöschen • 5. angeben • 6. Proband • 7. Wahrnehmung • 8. umfassend

1E Bei anderen ankommen

1a/2a Gestern bin ich zum ersten Mal zu einem Tanzkurs gegangen (,) und es hat mir echt Spaß gemacht! Als ich mich angemeldet habe, war ich ja schon etwas skeptisch: In so einen Kurs gehen doch bestimmt nur ältere Leute (,) oder es kommen nur jüngere, die für ihren Schulball tanzen lernen wollen. Ich wollte nicht für einen Ball oder für eine Hochzeitsfeier tanzen lernen, sondern es interessiert mich einfach total. Natürlich habe ich vorher auch Freunde gefragt, aber sie hatten überhaupt keine Lust mitzukommen. Ich finde das jetzt nicht so schlimm, denn gestern Abend habe ich sofort ein paar nette Leute kennengelernt und mich richtig wohlgefühlt.

1b 2. In den Kurs kommen nur Ältere oder Schüler. • 3. Man tanzt dort klassische Tänze oder Modern Dance. • 4. Man trifft dort viele Singles und Pärchen. • 5. Alle lernen neue Menschen kennen und haben viel Spaß.

2b 2. Jeden Dienstag gehe ich zum Sport, aber diesen Dienstag muss ich lange arbeiten. • 3. Mein Nachbar hilft mir oft im Haus, denn er war früher Elektriker von Beruf. • 4. Zoe will nicht immer ausgehen, sondern auch mal zu Hause bleiben. • 5. Kommst du heute zum Kaffee (,) oder besuchst du mich morgen?

3a

Hauptsatz	Nebensatz		
	Nebensatz-konnektor	Mittelfeld	Satzende
2. Wir hatten ja noch telefoniert,	weil	ich dir ein bisschen von ihm	erzählen wollte.
3. Tom hat mir erzählt,	dass	er eine Freundin	hat!
4. Ich war so frustriert,	dass	ich sofort aufgelegt	habe.

Nebensatz			Hauptsatz		
Pos. 1: Nebensatz-konnektor	Mittelfeld	Satzende Verb vom NS	Pos. 1 vom HS Verb vom HS	Mittelfeld	Satz-ende
6. Damit	ich auf andere Gedanken	komme,	habe	ich später noch kurz mit Tom	telefo-niert.
7. Dass	ich ihn ziemlich süß	finde,	weißt	du ja.	
8. Wenn	du Zeit	hast,	dann	melde dich.	

3b 2. Weil ich dir ein bisschen von ihm erzählen wollte, hatten wir ja noch telefoniert. • 3. Dass er eine Freundin hat, hat Tom mir erzählt. • 5. Nebensätze mit „so … dass / sodass“ können nicht vor dem Hauptsatz stehen. • 6. Ich habe später noch kurz mit Tom telefoniert, damit ich auf andere Gedanken komme. • 7. Du weißt ja, dass ich ihn ziemlich süß finde. • 8. Dann melde dich, wenn du Zeit hast.

4a 2a / b. so … dass • 3a / b. so … dass • 4. dass • 5. sodass • 6. sodass

4b 2. sondern • 3. weil • 4. denn • 5. aber • 6. weil

1F Endlich an(ge)kommen

1a

F	P	K	E	V	E	P	Ö	F	R	E	M	D	S	P	R	A	C	H	E
R	T	U	R	E	U	V	E	R	T	R	A	U	E	N	S	V	O	L	L
E	V	P	F	R	E	M	D	E	N	Z	I	M	M	E	R	R	T	U	M
M	O	Ü	R	T	A	H	B	M	X	Z	R	V	E	R	F	J	Ö	W	Q
D	R	F	L	R	R	C	Ö	D	I	W	Q	C	K	F	R	E	M	D	E
E	T	Q	G	A	P	V	E	R	T	R	A	U	T	H	E	I	T	I	M
L	R	R	D	U	A	C	Z	N	B	E	F	R	E	M	D	L	I	C	H
N	L	U	Y	T	P	J	F	V	E	R	T	R	A	U	E	N	A	A	R
V	E	R	T	R	A	U	E	N	S	V	E	R	H	Ä	L	T	N	I	S
A	K	O	I	V	E	R	T	R	A	U	L	I	C	H	N	S	Z	P	E

1b

Nomen	Verben	Adjektive
die Fremdsprache, die Fremde, die Vertrautheit, (das Vertrauen), das Vertrauensverhältnis	fremdeln, vertrauen	fremd, befremdlich, vertrauensvoll, vertraulich

Kapitel 2

2A Guten Appetit!

1a Einen Plural bekommen: 2 ½ Päckchen (Pluralform ist identisch mit dem Singular) • ½ Kilo Rosinen • 200 Gramm Mandeln • 2 Eier • **Regel:** 1. Zutaten, die man nicht zählen kann, wie z.B. Mehl, Zucker, etc. haben keinen Plural. • 2. Zählbare Zutaten bekommen einen Plural. • 3. Die Mengenangaben Gramm / Kilo(gramm) / Liter / Stück werden nicht in den Plural gesetzt.

1b 2. erwärmen • 3. verrühren • 4. hinzugeben • 5. verkneten • 6. gehen lassen • 7. formen • 8. backen

2a B. der Schneebesen, - • C. der Nussknacker, - • D. der Dosenöffner,- • E. der Kartoffelschäler, - • F. der Messbecher, - • G. die Käsereibe, -n • H. das Schneidebrett, -er

2b 2. … einen Nussknacker • 3. … ein Schneidebrett • 4. … einen Schneebesen • 5. … einen Dosenöffner • 6. … einen Messbecher

3a 2. 37% • 3. 31% • 4. 43% • 6. 75%

3b 2. Mehr als ein Viertel • 3. weiniger als ein Fünftel • 4. 7 • 5. 2

3c 1. wie man sich gesund ernähren soll. • 2. www.freetheweek.com • 3. Obst und Gemüse • 4. Pyramide • 5. 2014

3d B. Kreisdiagramm • C. Liniendiagramm • Säulendiagramm

2B Das sieht ja lecker aus!

1 2. + • 3. + • 4. – • 5. –

2a

	Indikativ		Imperativ informell		Imperativ formell
2.	du läufst	ihr lauft	Lauf!	Lauft!	Laufen Sie!
3.	du trägst	ihr tragt	Trag(e)!	Tragt!	Tragen Sie!
4.	du siehst	ihr seht	Sieh!	Seht!	Sehen Sie!
5.	du stößt	ihr stoßt	Stoß(e)!	Stoßt!	Stoßen Sie!
6.	du sprichst	ihr sprecht	Sprich!	Sprecht!	Sprechen Sie!
7.	du empfiehlst	ihr empfehlt	Empfiehl!	Empfehlt!	Empfehlen Sie!

Regel: 1a • 2b

2b 2. Sieh • 3. Nimm • 4. Iss • 5. Trag(e) • 6. Sprich

3a

Position 1			
2. Ernährt	euch	gesund!	
3. Lest	doch	Werbeprospekte!	
4. Kaufen	Sie	regionale Lebensmittel	ein!
5. Informieren	Sie	sich über neue Produkte!	
6. Probier	sie	mal!	

Regeln: 1. Sätze: 4 • 2. Satz: 3 • 3. Satz: 6 • 4. Satz: 2 • 5. Satz: 5

3b 2. Kauft doch mal bewusst ein! • 3. Bereiten Sie saisonales Obst oder Gemüse zu! • 4. Kaufen Sie es doch frisch auf dem Markt! • 5. Informieren Sie sich über Sonderangebote! • 6. Legt euch Vorräte an.

2C Tipps für den Gast

1 2. Eindruck • 3. unterschiedlich • 4. Anlass • 5. beachten • 6. gilt • 7. Aufmerksamkeiten • 8. beliebt • 9. ratsam

2D Die Wegwerfgesellschaft

1a

	haben	sein	werden
ich	hätte	wäre	würde
du	hättest	wär(e)st	würdest
er / sie / es	hätte	wäre	würde
wir	hätten	wären	würden
ihr	hättet	wär(e)t	würdet
sie / Sie	hätten	wären	würden

1b 2. hätte • 3. wäre • 4 würdest • 5. Hättest • 6. hätte • 7. würde • 8. würde • 9. hätte • 10. Wäre

1c *Mögliche Lösungen:* 2. Würden Sie die Musik bitte leiser stellen? / Wären Sie so freundlich, die Musik leiser zu stellen? • 3. Würden Sie mir bitte Salz und Pfeffer bringen? / Wären Sie so freundlich, mir Salz und Pfeffer zu bringen? • 4. Ich hätte gern Pasta statt Reis. / Würden Sie mir bitte Pasta statt Reis bringen? • 5. Ich hätte gern noch einmal die Karte! / Würden Sie mir bitte noch einmal die Karte bringen? • 6. Ich hätte gern die Rechnung. / Würden Sie mir bitte die Rechnung bringen?

2a

Infinitiv	Präteritum	Konjunktiv II
2. lassen	du ließest	du ließest
3. wissen	er wusste	er wüsste
4. heißen	sie hieß	sie hieße
5. gehen	es ging	es ginge
6. bekommen	wir bekamen	wir bekämen
7. finden	ihr fandet	ihr fändet
8. nehmen	sie nahmen	sie nähmen

2b 2. würde • 3. würde • 4. wäre • 5. Gäbe • 6. wüsstet • 7. ließe • 8. fändet • 9. Hättet • 10. hättet • 11. bekäme

2c 2. Gäbe es doch weniger Umweltverschmutzung! • 3. Würden doch alle Menschen in Frieden leben! • 4. Bekämen wir doch einen Studienplatz! • 5. Fänden wir doch mehr Zeit für unsere Familien!

3a 2. Ihr könntet doch die doppelte Menge einer Mahlzeit kochen und etwas für später einfrieren. • 3. Du könntest Reste verwerten und daraus leckere Gerichte zaubern. • 4. Sie sollten auch einmal Getreidesorten wie Couscous mit einer kurzen Garzeit probieren. • 5. Sie sollten auf eine fettarme Zubereitung der Speisen achten.

3b 2a / b könntest … ausprobieren • 3. wäre • 4. hättest • 5a / b müsstest … verschwenden • 6a / b könntest … bekommen • 7. wüsste

3c 2. Wir raten euch, die doppelte Menge einer Mahlzeit zu kochen und etwas für später einzufrieren. • 3. Ich würde dir vorschlagen, Reste zu verwerten und daraus leckere Gerichte zu zaubern. • 4. Der Ernährungsberater empfiehlt Ihnen, auch einmal Getreidesorten wie Couscous mit einer kurzen Garzeit zu probieren. • 5. Eine weitere Empfehlung ist, auf eine fettarme Zubereitung der Speisen zu achten.

2E Berufe rund ums Essen

1a Man sollte Tipp 1, 3, 6 befolgen.

1b *Mögliche Lösung:*

Suche Partner / in für Tandem Arabisch / Deutsch
1 x proWo. im Café Schönhaus. Spreche Deutsch (B1),
Kontakt: tamernader@gmel.fr

2 2. Mich würde interessieren, seit wann du schon in Deutschland bist. • 3. Weißt du vielleicht, ob ich ein Buch brauche? • 4. Kannst du mir sagen, ob du schon Erfahrung mit Tandem-Lernen hast? • 5. Außerdem möchte ich gern wissen, wo das Café Schönhaus liegt.

2 F Lebensmittel – Gestern und heute

1 2c • 3a • 4c • 5b • 6a

2a 2. Regel 1e • 3. Regel 1d • 4. Regel 1d • 5. Regel 2a • 6. Regel 1a • 7. Regel 1b • 8. Regel 1c • 9. Regel 2b

2b 2. Te-le-fon • 3. An-zei-ge • 4. Über-ra-schung • 5. wür-dest • 6. Emp-feh-lung • 7. Spiel-zeug • 8. Gast-ge-schenk

Kapitel 3

3 A Wie die Zeit vergeht

1a

F	S	E	G	E	L	B	A	Z	B
T	C	A	E	Ö	K	R	A	N	A
Ö	H	C	B	R	L	Ü	O	H	U
Q	I	T	Ä	D	A	C	H	K	S
K	F	O	U	R	N	K	Q	J	T
I	F	R	D	O	M	E	U	M	E
R	P	A	E	J	A	T	F	I	L
C	Y	M	T	Z	S	W	E	K	L
H	P	C	I	L	T	U	R	M	E
E	G	F	L	U	S	S	Ü	E	F

1b *Mögliche Lösung:* Im Vordergrund sieht man den Fluss, also den Rhein. Rechts sieht man ein Segelschiff. Am Ufer steht die Stadtmauer mit einem großen Tor. Es sieht aus wie eine Brücke. Hinter der Mauer sieht man die vielen Kirchtürme und die Dächer von den anderen Gebäuden. Man kann auch den Kran vom der Baustelle am Dom erkennen. Links steht ein großer Turm.

2a 1b, Zukunft, • 2b, Gegenwart • 3c, Vergangenheit • 4c, Zukunft • 5d, Gegenwart

2b 2. Derzeit besuchen Millionen Touristen die Stadt. / Millionen Touristen besuchen derzeit die Stadt. • 3. Bald werde ich den Dom besichtigen. / Ich werde bald den Dom besichtigen. • 4. In Zukunft wird die Stadt Köln mehr Wohnungen bauen. / Die Stadt Köln wird in Zukunft mehr Wohnungen bauen. • 5. In letzter Zeit hat der Autoverkehr in Köln ständig zugenommen. / Der Autoverkehr in Köln hat in letzter Zeit ständig zugenommen.

3 B Kindheitserinnerungen

1a

Regelmäßige Verben	Unregelmäßige Verben
benutzen, errichten, führen, gründen, siedeln, verbessern, verhindern, vorstellen	beginnen, entstehen, gefallen, laufen, liegen, stattfinden, verlieren, unternehmen

1b

	Präsens	Perfekt	Präteritum	Plusquamperfekt
2.		du hast zugemacht		du hattest zugemacht
3.	sie bauen		sie bauten	
4.		ich habe gelernt		ich hatte gelernt
5.	ihr schickt		ihr schicktet	
6.		wir haben gehört		wir hatten gehört

1c

	Infinitiv	Präsens	Präteritum	Perfekt
2.	lesen	du liest	du last	du hast gelesen
3.	nehmen	er nimmt	er nahm	er hat genommen
4.	beginnen	wir beginnen	wir begannen	wir haben begonnen
5.	bekommen	ihr bekommt	ihr bekamt	ihr habt bekommen
6.	verstehen	sie / Sie verstehen	sie / Sie verstanden	sie / Sie haben verstanden

2a

Perfekt mit „sein"		Perfekt mit „haben"
Verben der Bewegung	**Verben der Veränderung**	ausgeben, bekommen, einkaufen, einschalten
klettern, kommen, laufen, rennen	einschlafen, werden, wachsen	

2b

ohne „ge-" / „-ge-"	mit „ge-" / „-ge-"
beschrieben, bestellt, entstanden, erteilt, formatiert, funktioniert, genossen, notiert, studiert, verteilt, verwendet	aufgetreten, ausgestellt, gebraucht, eingetragen, gelernt, gewechselt

2c 2. Zuerst haben wir eine Rundfahrt gemacht. • 3. Natürlich haben wir auch am Dom angehalten. • 4. Der Stadtführer hat viel über Köln erzählt. • 5. Wir haben erfahren, dass die Bevölkerungszahl im letzten Jahr gesunken ist. • 6. Wir haben außerdem gehört, dass die Mieten sehr teuer geworden sind. • 7. Später sind wir in ein typisches Restaurant gegangen. • 8. Wir haben viele Kölner Spezialitäten bestellt.

2d 2. saßen • 3. hereinkam • 4. sahen • 5. fiel • 6. stand • 7. half • 8. erfuhr

2e 2. Im 13. Jahrhundert begann der Bau des Kölner Doms. • 3. Zu allen Zeiten gehörten große Baustellen zum Stadtbild. • 4. Vor 50 Jahren fuhren nicht so viele Autos in der Innenstadt. • 5. Vor einigen Jahren stürzte das Stadtarchiv ein.

3 … ein Kunstwerk in den Müll geworfen. Die Skulptur aus Pappe und Aluminium war ca. 25 Zentimeter hoch und hat neben dem Eingang zum großen Ausstellungsraum gestanden. Die Reinigungskraft hat die Skulptur für eine leere Fast-Food-Verpackung gehalten. Die Museumdirektion hat das Versehen bedauert. Die Reinigungskraft war für die Presse gestern Nachmittag nicht erreichbar. Der Künstler selbst hat es mit Humor genommen. …

4a 2. Ich ging zuerst in den Dom, nachdem ich am Hauptbahnhof einen Reiseführer gekauft hatte. • 3. Ich kehrte in eine typische Kölner Kneipe ein, nachdem ich das Schokoladenmuseum besucht hatte. • 4. Ich machte einen langen Stadtbummel, nachdem ich einen Sauerbraten probiert hatte. • 5. Am späten Abend fuhr ich wieder nach Hause, nachdem ich noch ein Foto vom beleuchteten Dom gemacht hatte.

4b 2. Bevor ich den Dom besucht habe, habe ich am Hauptbahnhof einen Reiseführer gekauft. • 3. Bevor ich in eine typische Kölner Kneipe eingekehrt bin, habe ich das Schokoladenmuseum besucht. • 4. Bevor ich einen langen Stadtbummel gemacht habe, habe ich einen Sauerbraten probiert. • 5. Bevor ich am späten Abend wieder nach Hause gefahren bin, habe ich noch ein Foto vom beleuchteten Dom gemacht.

4c 2. Während ich mit der S-Bahn zum Schokoladenmuseum fahre, bekomme ich großen Hunger. • 3. Während ich Schokolade probiert habe, habe ich Zahnschmerzen bekommen. • 4. Während ich den Kölner Dom anschaute, vergaß ich die Schmerzen. • 5. Während ich im Zug nach Hause sitze, mache ich einen Zahnarzttermin.

4d 2. Während • 3. Nach • Währenddessen • 4. vor • 5. danach

3C Pünktlich auf die Minute

1a 2A, 3D, 4B, 5C

1b 3. einhalten (Zeile 29) • 4. registrieren (Zeile 33) • 5. erscheinen (Zeile 44) • 6. erledigen (Zeile 52)

1c *Mögliche Lösungen:* 2. Unter „verankert sein" versteht man, dass etwas fest gesichert / verbunden mit etwas anderem ist. • 3. Mit „einhalten" meint man, dass man sich an Vorgaben / Regeln / Pläne hält, sie also beachtet. • 4. Das Wort „registrieren" bedeutet hier etwas bemerken, zur Kenntnis nehmen. • 5. Das Wort „erscheinen" drückt hier aus, dass jemand kommt, auftaucht. • 6. Mit „erledigen" meint man etwas abschließen, etwas beenden.

3D Keine Zeit

1 1. jmd. Zeit rauben / schenken / stehlen • 2. die Zeit rennt / steht still / vergeht

2a 1. zu • 2. so

2b 2. zu • 3. so • 4. zu • 5. so

3a 2. sparen • 3. absprechen • 4. packen • 5. herauskommen • 6. ändern • 7. verringern • 8. machen • 9. kennen • 10. entdecken • 11. umsetzen • 12. vermeiden • 13. hetzen • 14. verplanen • 15. lassen • 16. geraten • 17. eintragen • 18. nehmen

3b *Mögliche Lösungen:* 2. Wie kann ich Zeit sparen? • 3. Wir müssen noch unsere Termine absprechen. • 4. Ich möchte weniger Aufgaben in den Alltag packen. • 5. Wie komme ich aus der Spirale raus? • 6. Du solltest deine Einstellung ändern. • 7. Ich muss das Tempo bei der Arbeit verringern. • 8. Man muss auch mal Pause machen. • 9. Man sollte seine Grenzen kennen. • 10. Entdecke deinen eigenen Rhythmus! • 11. Ich kann diese Forderungen nicht umsetzen. • 12. Unser Chef möchte Stress vermeiden. • 13. Im Büro hetze ich von Termin zu Termin. • 14. Man sollte nicht den ganzen Tag verplanen. • 15. Man sollte sich täglich ein freies Zeitfenster lassen. • 16. Am Ende des Projektes gerate ich immer wieder in Zeitnot. • 17. Ich trage seinen Geburtstag in den Kalender ein. • 18. Man sollte seine eigenen Bedürfnisse ernst nehmen.

3E Zeitreisen

1b Wird … stehen (Futur I) • wird … geben (Futur I) • wird … saniert (Passiv Präsens) • werden … ersetzt (Passiv Präsens) • wird (Vollverb) • wird … besichtigen können (Futur I) • wird (Vollverb) • wird … gefeiert (Passiv Präsens) • begonnen wurde (Passiv Präteritum) • wird … geben (Futur I)

2 1. Z • 2. V • 3. Z • 4. V • 5. G

3a Centrum – Zentrum • cirka – zirka • potentiell – potenziell • Potential – Potenzial • Biographie – Biografie • photogen – fotogen • Mikrophon – Mikrofon

3b 2. Zitrusfrucht • 3. Kabrio • 4. substanziell • 5. Zentrum • 6. Fotograf • 7. Kasino • 8. Grafik

3F Schöne Zeiten

1a 2. g • 3. k • 4. l • 5. a • 6. m • 7. o • 8. e • 9. d • 10. i • 11. c • 12. n • 13. h • 14. j • 15. b

1b 2. Die erste Zeit (gemischte Gefühle) • 3. neue Eindrücke / neue Erfahrungen • 4. (besondere) Erlebnisse • 5. Fazit

1c 2. Ein Praktikum in traumhafter Umgebung

Kapitel 4

4A Einer für alle …

1 2A • 3F • 4B • 5C • 6D

2 2. Vertreter aus allen Klassen bilden eine Arbeitsgruppe, um das gemeinsame Projekt zu planen. • 3. Schüler und Lehrer treffen sich oft, um gute Vorschläge zu sammeln. • 4. Die Schulleiterin ruft die Gärtnerei an, um sich über die Verschönerung des Schulhofs zu informieren. • 5. Die Gärtnereimitarbeiter kommen, um mit der Arbeit anzufangen. • 6. Später machen die Schüler Fotos, um den neu gestalteten Schulhof im Internet vorzustellen.

4B Ehrensache!

1a 1b • 2c • 3a • 4c • 5a • 6b

1b 2. unterstützen • 3. existieren • 4. anerkennen • 5. sich bewerben • 6. bestätigen • 8. die Hilfe • 9. die Bezahlung • 10. die Tätigkeit • 11. die Werbung • 12. die Sprache

4C Ein Projekt – viele Helfer

1 2. (L) mag • 3. (W) möchte • 4. (L) mag • 5. (L) mag • 6. (W) möchtest • 7. (L) mag • 8. (W) möchtet • 9. (W) möchte

2 2. mochte • 3. wollte • 4. mochte • 5. mochten • 6. wollte • 7. wollte • 8. mochte • 9. wollte • 10. wollte

3a 2. Der Chef hat gesagt, Sie sollen den Kunden anrufen. • 3. Sie müssen den Text noch einmal gründlich überarbeiten. • 4. Man darf im Büro nicht privat telefonieren. • 5. Im Büro kann man Kaffee oder Tee kochen. • 6. Ich möchte in Ruhe an meiner Präsentation arbeiten. • 7. Möchten / Wollen Sie nach der Arbeit in eine Bar mitkommen? • 8. Können Sie den Kopierer bedienen?

3b 2. dürfen / können • 3. können • 4. dürfen • 5. kann • 6. können • 7. darf / kann

3c 1. Sätze 3, 6 • 2. Satz 2, 5 • 3. Sätze 4, 7

3d 2D • 3E • 4A • 5B • 6C

3e 2. soll • 3. muss • 4. soll / muss • 5. muss • 6. sollen • 7. sollen / sollten • 8. soll / muss • 9. muss

4 2. …, ich brauche für die Klasse keine Kopien vorzubereiten. • 3. …, ich brauche nicht frei zu sprechen. • 4. …, ich brauche keine Karteikarten zu beschreiben. • 5. …, ich brauche der Lehrerin keine Gliederung vorzulegen. • 6. …, das Referat braucht morgen noch nicht fertig zu sein.

5 2. möchten / wollen • 3. dürfen / können • 4. können • 5. wollen / möchten • 6. brauchen • 7. mögen • 8. möchten / wollen • 9. wollen • 10. dürfen / wollen • 11. können • 12. müssen

4 D Zivilcourage

1 **Passanten um Hilfe bitten:** Rufen Sie bitte sofort einen Krankenwagen! • Könnten Sie mir bitte helfen? • Können Sie bitte die Polizei rufen? • **jemanden bitten, in Ruhe gelassen zu werden:** Bitte stören Sie mich jetzt nicht! • Ich möchte nicht mit Ihnen sprechen. • **jemandem Hilfe anbieten:** Benötigen Sie Hilfe? • Kann ich Ihnen helfen?• Kann ich etwas für Sie tun?

4 E Ganz schön egoistisch!

1a 2. Er lässt seine Noten oft zu Hause liegen. • 3. Er lässt sich dann die Noten von Paula bringen. • 4. Karol lässt sich von seiner Freundin nicht bei der Arbeit stören. • 5. Er lässt Paula nicht bei Proben zuhören. • 6. Bei Konzerten lässt er sie oft lange in seiner Garderobe warten. • 7. Bei Einladungen lässt der Popstar seine Freundin für die Gäste kochen. • 8. Auf Partys lässt er seine Freundin sehr oft allein stehen.

1b 1. Sätze: 3, 7 • 2. Sätze: 4, 5 • 3. Sätze: 2, 6, 8

1c **Regel:** Das Hilfsverb „lassen" bildet das Perfekt mit dem Infinitiv „lassen".

1d 2. Er hat seine Noten oft zu Hause liegen lassen. • 3. Er hat sich dann die Noten von Paula bringen lassen. • 4. Karol hat sich von seiner Freundin nicht bei der Arbeit stören lassen. • 5. Er hat Paula nicht bei Proben zuhören lassen. • 6. Bei Konzerten hat er sie oft lange in seiner Garderobe warten lassen. • 7. Bei Einladungen hat der Popstar seine Freundin für die Gäste kochen lassen. • 8. Auf Partys hat er seine Freundin sehr oft allein stehen lassen.

2 2. hängen lassen • 3. stehen lassen • 4. stecken lassen • 5. stehen lassen • 6a / b lässt … sitzen

3a 2. kommen • 3. gehen • 4. fotografieren • 5. die Tournee machen

3b 2. Er hat seine Freunde nicht zu den Proben gelassen. / Er hat seine Freunde nicht zu den Proben kommen lassen. • 3. Er hat seine Freundin nicht allein auf Partys gelassen. / Er hat seine Freundin nicht allein auf Partys gehen lassen. • 4. Aber heute hat Karol sie gelassen. / Aber heute hat Karol sie fotografieren lassen. • 5. Paula hat ihn gelassen. / Paula hat ihn die Tournee machen lassen.

4a 2. Endlich sahen wir Karol auf die Bühne kommen. • 3. Ich half ihr aufstehen. • 4. Während des Konzerts lernten wir neue Songs singen. • 5. „So ein tolles Konzert!", jubelten die Fans und blieben lange stehen. • 6. Danach ging ich noch zu Karol ein Autogramm holen.

4b 2. Endlich haben wir Karol auf die Bühne kommen sehen. • 3. Ich habe ihr aufstehen helfen. • 4. Während des Konzerts haben wir neue Songs singen gelernt. • 5. „So ein tolles Konzert!", haben die Fans gejubelt und sind lange stehen geblieben. • 6. Danach bin ich noch zu Karol ein Autogramm holen gegangen.

4 F Mein Buch, dein Buch?

1a aussterben• durchlesen • hineinschauen • nachschauen

1b 1b. – • 2a. schaue • 2b. nach • 3a. entdecke • 3b. – • 4a. besitzen • 4b. – • 5a. verbringe • 5b. – • 6a. schaue • 6b. hinein • 7a. lese • 7b. durch • 8a. sterben • 8b. aus

2a 6. Bohne • 7. sehr • 9. fühlen • 12. Kohl • 14. zählen• 19. kühl • 24. Möhre

2b 1b. die Wahl • 2a. mehr • 2b. das Meer • 3a. mahlen • 3b. malen

Kapitel 5

5 A Ein Dach über dem Kopf

1 2. die Enge • 3. die Gemütlichkeit • 4. die Romantik • 5. die Wärme • 6. die Einsamkeit • 7. der Komfort • 8. die Mobilität • 9. die Kälte • 10. die Ästhetik • 11. die Anonymität • 12. die Dunkelheit

5 B Tausche Wohnung

1

Nomen + Nomen	Adjektiv + Nomen	Adverb + Nomen	Verb + Nomen
das Dachgeschoss, das Erdgeschoss, das Haustier, der Immobilienmakler, die Monatsmiete, der Quadratmeter, das Tageslichtbad	das Hochhaus, der Neubau	die Innenstadt, das Obergeschoss	die Heizkosten, die Waschmaschine, die Wohngemeinschaft

5 C Wohntrends

1 2. überflüssig • 3. winzig • 4. effizient • 5. sparsam • 6. anstrengend • 7. verkleinern

2a 2. Sie hat lange nach einer kleinen Wohnung in zentraler Lage gesucht. • 3. Die Wohnung liegt direkt neben dem großen Einkaufszentrum. • 4. Marie kann gut auf überflüssige Dinge verzichten, aber Folgendes ist für sie wichtig: eine praktische Küche, ein separates WC und ein helles Schlafzimmer. • 5. Besonders gut gefällt mir ihr gemütliches Wohnzimmer. • 6. Klimaschutz ist ebenfalls ein wichtiger Aspekt für Marie. Sie hat kein eigenes Auto und fährt immer mit ihrem schicken Fahrrad zur Arbeit. • 7. Ihre neuen Nachbarn sind sehr nett und hilfsbereit. • 8. Glücklicherweise kommen zur Kaltmiete keine hohen Nebenkosten hinzu.

2b

Neuer Trend = alter Trend

Trotz des aktuellen Trends bei Einrichtungen setzt ein Großteil der befragten Leser auf bekannte Wohnideen. Der Wohntrend des kommenden Jahres: Natürliche Materialien wie Stein und Holz sowie warme Farben sind auch die klaren Favoriten der nächsten Saison.

Adjektivendungen im Genitiv nach bestimmten Artikel

	m	n	f	Pl.
Gen.	-en	-en	-en	-en

2c Regel: Die Endung der Adjektive im Genitiv nach dem bestimmten Artikel ist immer „-en".

2d Die Adresse meines neuen Vermieters • die Erhöhung meiner jährlichen Miete • die Auflistung meiner monatlichen Nebenkosten • die Zusammenstellung zusätzlicher Ausgaben • die Fotos meines alten Bades • Trotz konstanter Betriebskosten …

Adjektivendungen im Genitiv nach dem unbestimmten Artikel, Possessiv- und Negativartikel					
	m	n	f	Pl.	
Gen.	neuen	alten	jährlichen	zusätzlicher	monatlichen

2e Regel: Nach dem unbestimmten Artikel, Possessiv- und Negativartikel ist die Endung immer: „-en". Im Plural ist die Genitivendung nach dem unbestimmten Artikel (= Nullartikel): „-er".

2f Trotz intensiver Suche • Toleranz ist einer der Hauptgründe guten Zusammenlebens • Viele Probleme beim Abschluss mündlicher Mietverträge • Hier die Meinungen verschiedener WG-Bewohner • Trotz schriftlichen Vertrags

Adjektivendungen im Genitiv nach dem Nullartikel				
	m	n	f	Pl.
Gen.	-en	-en	-er	-er

2g Regel: Die Endung der Adjektive im Genitiv vor Nomen ohne Artikel ist im Maskulinum und Neutrum: „-en". Im Femininum und Plural ist die Endung: „-er".

2h 2. gesamten • 3. motorisierter • 4. kleiner • 5. gemeinsamen • 6. wichtigen

2i 2. bezahlbare • 3. Endlose • 4. wenigen • 5. zahllose • 6. hohen • 7. großen • 8. vielen • 9. passenden • 10. regelmäßige • 11. unterschiedliche • 12. gemeinsamen • 13. jungen • 14. pflegerischen • 15. generelle • 16. eigenen

3a

Besonderheit	Grundform	Komparativ	Superlativ
2. unregelmäßig mit Umlaut	warm	wärmer	am wärmsten
3. Adjektive auf: „d", „s", „ß", „sch", „t", „z": Superlativ auf „-est"	alt bekannt heiß hübsch kurz	älter bekannter heißer hübscher kürzer	am ältesten am bekanntesten am heißesten am hübschesten am kürzesten
4. Adjektive auf: „-el", „-er"	dunkel teuer	dunkler teurer	am dunkelsten am teuersten
5. Sonderformen	gern gut hoch nah viel	lieber besser höher näher mehr	am liebsten am besten am höchsten am nächsten am meisten

3b 2. weitesten • 3. wärmsten • 4. höher • 5. näher • 6. kürzesten • 7. höchsten / teuersten • 8. dunkler • 9. liebsten • 10. hübschesten • 11. mehr • 12. teurer

3c 2. wie • 3. als • 4. als • 5. wie • 6. als • 7. als • 8. wie • 9. wie

4a 3. keinen stabileren • 4. der stabilste • 5. härtere • 6. die härtesten • 7. einen höheren • 8. der höchste • 9. kein breiteres • 10. die breitesten

4b 2. mehr • 3. besten • 4. beliebtesten • 5. größte • 6. höchste • 7. flexiblere • 8. besseren • 9. am freundlichsten • 10. am kompetentesten

5a 1b • 2a • 3b • 4b • 5a • 6b • 7a • 8a

5b 2. Interessantem • 3. Richtige • 4. Dumme • 5. Schnellsten • 6. Exklusivste • 7. Preiswerteste • 8. Idealeres • 9. Vieles • 10. Altes • 11. Modernem • 12. Wichtigste

5D Mein Zuhause

1 1b • 2a • 3c • 4a • 5c • 6b

5E Anders wohnen – anders leben

1a 2. Über „Sieben Linden" wurden zwei Filme produziert. (Agens ist nicht wichtig) • 3. Auch in Zukunft werden ältere Menschen von den Dorfbewohnern selbst gepflegt werden. (Agens wichtig) • 4. Die Kommunikation innerhalb des Dorfes wird durch Computer erleichtert. (Agens wichtig) • 5. Anfangs war die Lebensweise in „Sieben Linden" von den Bewohnern Poppaus kritisch betrachtet worden. (Agens wichtig) • 6. 2002 ist ein Waldkindergarten gegründet worden. (Agens nicht wichtig)

1b 2. Die wichtigsten Entscheidungen sind schon immer gemeinsam besprochen worden. 3. Auch in Zukunft werden viele soziale Projekte unterstützt werden. 4. In der Vergangenheit waren vor allem Handwerker gesucht worden. 5. Jeden Monat wird ein Mitgliedsbeitrag von 100 Euro gezahlt. 6. Letztes Jahr wurden viele Veranstaltungen angeboten.

1c Etwas ist geschehen. (Passiv): Ein neuer Rat ist gewählt worden. • Alle wichtigen Aufgaben sind erledigt worden. • Ein Sommerfest ist organisiert worden. • Viele neue Ideen sind ausprobiert worden. • **Etwas / jemand hat sich verändert. (Aktiv):** Das Dorf ist größer geworden. • Alle Erwachsene sind Genossenschaftsmitglieder geworden. • Das Leben in „Sieben Linden" ist bunter geworden.

2

Position 1	Position 2		Satzende
2. Im letzten Sommer	konnten	viele schöne Feste	gefeiert werden.
3. Handys	sollen	im Dorf	ausgeschaltet werden.
4. Aber Computer	dürfen	in „Sieben Linden"	benutzt werden.
5. Letztes Jahr	musste	eine Informationsveranstaltung	abgesagt werden.
6. Von Anfang an	sollte	die Gemeinschaft von den Bewohnern	respektiert werden.

3a 2. die gerade frisch gestrichenen Wände • 3. der häufig genutzte Raum • 4. das selbst gebaute Regal • 5. die neu eingerichtete Küche

3b 2. eröffneten • 3. befahrenen • 4. eingesetzten • 5. beschädigten • 6. renovierten

5F Übernachten mal ganz anders

1a Unhöflich und unsachlich ist: Ihr Personal war furchtbar. • Der Aufenthalt war eine Katastrophe! • Alles war schmutzig. • Es gab nur Probleme. • Nichts hat funktioniert.

1b 2. ~~ihrem~~ → Ihrem • 3. ~~mir~~ → mich • 4. ~~sie~~ → es • 5. ~~nicht funktioniert hat~~ → hat nicht funktioniert • 6. ~~bln~~ → habe • 7. ~~bezahlen~~ → bezahlt • 8. ~~ich kann~~ → kann ich • 9. ~~Entschuldigung~~ → Entschädigung • 10. ~~Grüße~~ → Grüßen

Kapitel 6

6 A Neues entdecken und erfahren

1 2. reich • 3. Hafen • 4. spannend • 5. Heimweh • 6. Fernweh • 7. Ruhe • 8. Abenteuer • 9. gefährlich • Lösung: Erfahrung

6 B Faszination Extremsport

1a *Mögliche Lösungen:*

1b 2. Vogel • 3. Luft • 4. durchschnittliche • 5. Höchstgeschwindigkeit • 6. Berghänge • 7. Sicherheit • 8. körperliche • 9. regelmäßiges

2a 2G • 3AD • 4A • 5D • 6AD • 7N • 8G • 9N • 10A • 11AD • 12D

2b 1. N • 2. eine gefährliche Extremsportart • N • 3. vieler Ausreden • G • 4. Vorbilder • N • 5. der Anfänger • G • 6. einer besonderen Unterstützung • G

3a 1S • 2P • 3S • 4S • 5P • 6P • 7P • 8S

3b 2. Wovon träumt er? • 3. Worauf verzichtet er? • 4. Mit wem trainiert er täglich? • 5. Worunter leidet Tims Gesundheit? • 6. Woran glaubt der Trainer? • 7. Um wen kümmern sich die Eltern sehr? • 8. In wen ist Tim total verliebt? • 9. An wen denkt seine Freundin auch ganz fest?

3c 2. sich fürchten vor + D. • 3. sich kümmern um + A. • 4. sich erholen von + D. • 5. sich freuen über + A./sich freuen auf + A./sich freuen mit + D. • 6. sich interessieren für + A. • 7. leiden unter + D./leiden an + D. • 8. verzichten auf + A. • 9. sich bedanken für + A./sich bedanken bei + D. • 10. führen zu + D. • 11. warten auf + A. • 12. sich beschäftigen mit + D. • 13. sprechen über + A./sprechen mit + D./sprechen von + D • 14. denken an + A./denken über + A. • 15. sich verlieben in + A.

3d 2. Im Stadion denkt jeder Athlet an sein nächstes Rennen. • 3. Während der Wettkämpfe kümmern sich die Trainer um die aufgeregten Sportler. • 4. Manche Sportler leiden sehr unter ihrer Nervosität. • 5. Starke Nervosität kann zu schlechten Leistungen führen. • 6. Deshalb können die Sportler mit einem Sportpsychologen über ihre Ängste sprechen. • 7. Nach jedem Wettkampf warten die Sportler auf ihr Ergebnis. • 8. Nach dem Wettkampf müssen sich die Sportler erst einmal von den großen Strapazen erholen. • 9. Viele Athleten bedanken sich bei ihren Fans für die Unterstützung.

4a sich vorbereiten auf + A. • sich erinnern an + A. • sich befreien von + D. • sich kümmern um + A. • sich erholen von + D. • sich interessieren für + A. • sich bedanken für + A./bei + D. • sich verlieben in + A. • sich fürchten vor + D.

4b

	Reflexivpronomen im Akkusativ (ohne zusätzliche Akkusativ-Erg.)	Reflexivpronomen im Dativ (mit Akkusativ-Erg.)
ich	kämme mich	kämme mir die Haare
du	kämmst dich	kämmst dir die Haare
er/sie/es	kämmt sich	kämmt sich die Haare
wir	kämmen uns	kämmen uns die Haare
ihr	kämmt euch	kämmt euch die Haare
sie/Sie	kämmen sich	kämmen sich die Haare

4c 2. mich • 3. mir • 4. mir • 5. mich • 6. mich • 7. mir • 8. mir

5a 2. sich informieren • Regel: 3 • 3. sich kümmern • Regel: 4 • 4. entscheiden sich • Regel: 2 • 5. sich schämen • Regel: 5

5b 2. Oft rühmen sie sich besonderer Fähigkeiten. • Regel: 3 • 3. Nach dem Wettkampf bedanken sich die Sportler häufig bei ihren Fans./Nach dem Wettkampf bedanken die Sportler sich häufig bei ihren Fans. • Regel: 2 • 4. Es ist normal, dass sich die neuen Teammitglieder der Mannschaft vorstellen./Es ist normal, dass die neuen Teammitglieder sich der Mannschaft vorstellen. • Regel: 4 • 5. Das Kennenlernen ist sehr wichtig, weil sie sich sonst aufregen. • Regel: 5

6a

Verb	Bedeutung bei reflexiver Verwendung	Bedeutung bei nicht-reflexiver Verwendung
2. (sich) erinnern	Ich erinnere mich nicht an ihren Namen. (= Ich weiß ihn nicht mehr.)	Mein Chef erinnert mich an den Termin. (= Er sagt mir Bescheid.)
3. (sich) umziehen	Sie zieht sich für die Party um. (= Sie wechselt die Kleidung.)	Sie zieht in eine neue Wohnung um. (= Sie wechselt die Wohnung.)
4. (sich) vorstellen	Ich stelle mich den Nachbarn vor. (= Ich mache mich selbst bekannt.)	Ich stelle Ihnen heute Herrn Nuy vor. (= Ich mache Sie mit Herrn Nuy bekannt.)
5. (sich) kaufen	Ich kaufe mir (= für mich selbst) einen Computer.	Ich kaufe einen neuen Fernseher. (= Es ist nicht klar, für wen der Fernseher gekauft wird.)

6b 2. – • 3. sich • 4. – • 5. sich • 6. sich • 7. mich

6 C Mit Routinen brechen

1 2E • 3D • 4B • 5C • 6A

2a

	m: der Sport	n: das Buch	f: die Küche	Pl: die Filme
N	derselbe	dasselbe	dieselbe	dieselben
A	denselben	dasselbe	dieselbe	dieselben
D	demselben	demselben	derselben	denselben
G	desselben	desselben	derselben	derselben

2b 2. dieselbe • 3. denselben • 4. dieselbe • 5. dieselben • 6. denselben • 7. demselben

3a 2. nicht • 3. kein • 4. nicht • 5. nicht • 6. keine

3b 2. Viele Leute essen zum Beispiel nie(mals) das Gleiche zum Frühstück. • 3. Die meisten Menschen sind im Alltag sehr unhöflich. • 4. Aber ich möchte mein Leben nicht ändern. • 5. Mein Alltag gefällt mir nicht.

3c 2. nicht mehr • 3. nichts • 4. wenig • 5. nie • 6. niemandem • 7. nirgendwo • 8. nirgendwohin • 9. niemand • 10. nie • 11. noch nicht

6D Wissensdurst

1a 1. die Entwicklung • die Gleichheit • 2. Es gibt oft ... • Ich finde es schwierig, wenn ... • 3. der Große Bär • der Kleine Wagen • 4. das Wissen • etwas Schönes • alles Gute • 5. heute Morgen • gestern Abend • 6. ..., dass sie am schönsten ist. • ... ist am teuersten.

1b Gestern Abend hat Paul an der Tür gelauscht und ein Geheimnis erfahren. Jetzt ist er sich nicht sicher, ob er es jemandem erzählen oder lieber den Mund halten soll. Eine solche Situation haben die meisten von uns schon erlebt. Sie ist sicherlich sehr unangenehm. Ist Neugier also nun gut oder schlecht? Diese Frage lässt sich leider nicht klar beantworten. Zwar gibt es viele Sprichwörter, die sagen, dass Neugier eine schlechte Charaktereigenschaft ist, die uns auch in Schwierigkeiten bringen kann, aber Forscher haben herausgefunden, dass Neugierige länger leben. Wichtig ist, Neuem aufgeschlossen und interessiert gegenüberzustehen. Fangen wir schon heute damit an!

6E Literatur entdecken

1 1. Nachfragen bei Interesse: Das war sehr interessant, vielen Dank. Ich würde noch gern mehr über ... erfahren. • Darf ich noch etwas zu ... fragen? • Mich würde noch interessieren, ... • 2. Nachfragen bei Unverständnis: Ich hätte noch eine Frage ... • Könnten Sie / Könntest du noch einmal kurz ... erläutern? • Ich habe nicht ganz verstanden, was Sie / du über ... gesagt haben / hast. • Könnten Sie / Könntest du das noch einmal darstellen / wiederholen? • Sie haben / du hast ja gesagt, dass ... Dazu habe ich noch eine Frage. • 3. Nach der Meinung fragen: Wie ist denn Ihre / deine Meinung zu ...?

6F (Meine) Entdeckungen

1 2E • 3A • 4B • 5H • 6I • 7F • 8D • 9G

Bildquellen

Cover. 1 iStockphoto (Troels Graugaard), Calgary, AlbertaBild; **2** Shutterstock (Minerva Studio), New York; **3** Thinkstock (valeriykhromov), München **6.1** Thinkstock (Pixland), München; **6.2** Fotolia.com (Nyul), New York; **6.3** Thinkstock (Digital Vision), München; **6.4** alamy (Charles O. Cecil), Abingdon, Oxon; **6.5** Thinkstock (Pixland), München; **6.6** Avenue Images GmbH (age fotostock), Hamburg; **6.7** Inmagine (Dynamographics RF), Houston TX; **14.1** Shutterstock (LianeM), New York; **14.2** Shutterstock (tale), New York; **14.3** Thinkstock (Siraphol), München; **14.4** Thinkstock (Skystorm), München; **14.5** Thinkstock (LeventKonuk), München; **14.6** Thinkstock (srdjan111), München; **14.7** Thinkstock (Dave White), München, **14.8** Thinkstock (Brian McEntire), München; **14.9** Thinkstock (koosen), München; **18** Thinkstock (iStockphoto), München; **22** ullstein bild (histopics), Berlin; **34** getty images (Thomas Lohnes), München; **37** Wikimedia Commons (Brunswyk); **38** Mikrohaus.com, Wien; **46** Thinkstock (iStockphoto), München